तेनालीराम की सूझबूझ

विवाह की रस्में पूरी हो चुकी थीं। राजा खुशी-खुशी अपनी दुल्हन को घर ले जाने की तैयारी कर रहे थे। अचानक दुल्हन ने पाँव से मखमल की जूती उतारी और मुस्कुराते हुए राजा पर फेंकी। तेनालीराम राजा के पास ही था। उसने धीरे से राजा के कान में कहा, 'महाराज इन्हें क्षमा कर दीजिए, यह सब मेरा किया-धरा है।'

राजा हँस पड़े और जूती उठाकर दुल्हन के हाथ में दे दी। उस बेचारी ने क्षमा माँगते हुए कहा, 'रस्म पूरी करने के लिए मुझे ऐसा करना पड़ा।'

अपने महल में पहुँचने पर राजा कृष्णदेव राय ने तेनालीराम से कहा, 'तुम्हारा कहना ही ठीक था। लोग किसी भी बात पर जल्दी विश्वास कर लेते हैं।'

–इसी पुस्तक से

तेनालीराम की सूझबूझ

प्रकाशक : डायमंड पॉकेट बुक्स (प्रा.) लि.
X-30 ओखला इंडस्ट्रियल एरिया, फेज-II
नई दिल्ली-110020
फोन : 011-40712200
ई-मेल : wecare@diamondbooks.in
वेबसाइट : www.diamondbooks.in
संस्करण : 2025
मुद्रक : रेप्रो (इंडिया)

TENALIRAM KI SUJHBUJH

दो शब्द

तेनालीराम विजयनगर के यशस्वी राजा कृष्णदेव राय का राज्य-विदूषक था। गंभीर-से-गंभीर विषय को अपने हास-परिहास द्वारा हल कर देना उसका विशिष्ट गुण था। उत्तर भारत में महान मुगल सम्राट अकबर के राज्य-विदूषक बीरबल को हास-परिहास में जो स्थान प्राप्त था, दक्षिण भारत में उससे भी अधिक हास-परिहास की वार्ताएँ तेनालीराम के संबंध में प्रचलित हैं। तेनालीराम और बीरबल के कुछ किस्से तो इतने अधिक लोकप्रिय हो चुके हैं कि यह पहचान करना भी मुश्किल हो जाता है कि यह किस्सा तेनालीराम का है या बीरबल का।

इस विषय में निश्चित ही तेनालीराम को प्रमुखता देनी होगी, क्योंकि उसका समय बीरबल से कहीं अधिक पहले का है। तेनालीराम मुगल सम्राट बाबर का समकालीन था जबकि बीरबल उसके बहुत बाद सम्राट अकबर का समकालीन था। कुछ भी हो--तेनालीराम अपूर्व बुद्धि-कौशल का स्वामी था। वह गरीब ब्राह्मण 'ईश्वर प्रसाद रमैया' का पुत्र था। उसका वास्तविक नाम था 'रामलिंग'। उसका जन्म गुंटूर जिले के गलीपाडु नामक कस्बे में हुआ, लेकिन जन्म के तीसरे ही दिन उसके पिता का देहांत हो गया। पालन-पोषण मामा के घर हुआ। वह तेनाली कस्बे में रहते थे। ननिहाल में रहने के कारण लोग उसके वास्तविक नाम को भूल गए और उसे तेनालीराम कहकर संबोधित करने लगे। आगे चलकर उसका यही नाम प्रचलित हुआ।

विजयनगर के राजदरबार में विदूषक का स्थान प्राप्त करने में तेनालीराम को बहुत अधिक संघर्ष करना पड़ा। एक समय तो ऐसी स्थिति उत्पन्न हो गई कि उसे और उसके परिवार को भूखा रहने पर विवश होना पड़ा। लेकिन आशावादी और परिश्रमी तेनाली ने हिम्मत नहीं हारी। अंतत: हर विपत्ति का सामना करते हुए उसने एक दिन विजयनगर नरेश कृष्णदेव राय के दरबार में स्थान पा लिया। तेनाली की गणना महाराज कृष्णदेव राय के आठ दिग्गजों में की जाती है।

तेनालीराम के जीवन की अनेकानेक परिहास-कथाएँ प्रचलित हैं। इनमें से कुछ कथाएँ हम इस पुस्तक में प्रस्तुत कर रहे हैं। आशा ही नहीं अपितु पूर्ण विश्वास है कि ये रुचिकर कथाएँ हमारे पाठकों को अवश्य पसंद आएँगी। भविष्य में हम इनसे भी रुचिकर कथाएँ प्रस्तुत करते रहेंगे।

—डा० गिरिराजशरण अग्रवाल

अनुक्रम

महामूर्ख

राजा कृष्णदेव राय होली का उत्सव बड़ी धूमधाम से मनाते थे। होली के दिन मनोविनोद के अनेक कार्यक्रम विजयनगर में होते थे। प्रत्येक कार्यक्रम के सफल कलाकार को पुरस्कार देने की व्यवस्था भी होती थी। सबसे बड़ा तथा सबसे मूल्यवान पुरस्कार 'महामूर्ख' की उपाधि पाने वाले को दिया जाता था।

तेनालीराम को हर साल सर्वश्रेष्ठ हास्य कलाकार का पुरस्कार तो मिलता ही था, अपनी चतुराई और बुद्धिमानी के बल पर प्रतिवर्ष 'महामूर्ख' भी वही चुना जाता था।

इस तरह तेनालीराम हर वर्ष दो-दो पुरस्कार अकेला हड़प लेता था।

इस साल अन्य दरबारियों ने विचार किया कि इस बार होली के उत्सव पर तेनालीराम का पत्ता ही साफ कर दिया जाए। उसके लिए उन्होंने एक उपाय भी खोज निकाला।

तेनालीराम के प्रमुख सेवक को अपनी ओर उसके द्वारा तेनालीराम को छककर भंग पिलवा दी गई। होली के दिन इसी कारण तेनाली भंग के नशे की तरंग में घर पर ही पड़ा रहा।

दोपहर बाद जब तेनालीराम की नींद खुली तो वह घबराकर उठा और इसी घबराहट में भागता-भागता दरबार में पहुँच गया।

जब वह दरबार में पहुँचा, तब तक उत्सव में आधे से अधिक कार्यक्रम संपन्न हो चुके थे।

राजा कृष्णदेव राय उसे देखते ही बोले, 'मूर्ख तेनालीराम जी, आज के दिन भी भंग छानकर सो गए?'

राजा ने तेनालीराम को मूर्ख कहा तो सारे दरबारी प्रसन्न हो उठे। उन्होंने भी राजा की हाँ में हाँ मिलाई और बोले, 'आपने बिलकुल सत्य ही कहा महाराज। तेनालीराम मूर्ख ही नहीं बल्कि महामूर्ख है।'

जब तेनालीराम ने सब लोगों के मुँह से यह सुना तो मुस्कुराता हुआ बोला, 'धन्यवाद महाराज, आपने अपने श्रीमुख से मुझे महामूर्ख घोषित करके आज के दिन का सबसे बड़ा पुरस्कार तो मेरे लिए सुरक्षित कर ही दिया

है।'

तेनालीराम के मुख से यह सुनते ही दरबारियों को अपनी भूल का ज्ञान हुआ।

किंतु वे अब कर भी क्या सकते थे? वे तो स्वयं ही अपने मुख से तेनालीराम को महामूर्ख बता चुके थे।

होली के अवसर पर 'महामूर्ख' का पुरस्कार तेनालीराम हर साल की तरह इस बार भी झपटकर ले गया।

लाल मोर

विजयनगर के राजा कृष्णदेव राय को अद्‌भुत और विलक्षण चीजों के संग्रह का बहुत शौक था।

उन्हें खुश रखने के लिए हर दरबारी ऐसी दुर्लभ वस्तुओं की खोज में रहता था ताकि वह अद्‌भुत चीज महाराज को भेंट करके उनका शुभचिंतक बन सके।

एक बार एक दरबारी ने एक अनोखी चाल चली। उसने मोर को रंगों के एक विशेषज्ञ से लाल रँगवा लिया। उस लाल मोर को लेकर वह सीधा राजा कृष्णदेव राय के दरबार में पहुँचा और राजा से बोला–'महाराज! मैंने मध्य प्रदेश के घने जंगलों से आपके लिए एक अद्‌भुत तथा अनोखा मोर मँगाया है।'

राजा कृष्णदेव राय ने उस मोर को बड़े ध्यान से देखा। उन्हें बड़ा आश्चर्य हो रहा था। उन्होंने कहा, 'लाल मोर! वास्तव में आपने हमारे लिए अद्‌भुत चीज मँगाई है। हम इसे राष्ट्रीय उद्यान में रखवाएँगे। अच्छा! यह तो बताओ कि इस मोर को मँगाने में तुम्हें कितना रुपया खर्च करना पड़ा?'

दरबारी ने अपनी प्रशंसा सुनी तो वह अत्यधिक खुश हुआ। बड़े विनम्र भाव से वह राजा से बोला, 'महाराज, आपके लिए यह अनोखी वस्तु लाने के लिए मैंने अपने दो सेवक पूरे देश की यात्रा पर भेज रखे थे। वे वर्षों तक किसी अद्‌भुत वस्तु की खोज में लगे रहे। इतने दिनों बाद मध्य प्रदेश के जंगलों में यह अनोखा लाल रंग का मोर मिला। मैंने अपने उन सेवकों पर करीब पच्चीस हजार रुपए खर्च किए हैं।'

राजा कृष्णदेव राय ने कोषाध्यक्ष को आज्ञा दी, 'इन सज्जन को पच्चीस हजार रुपए राज-कोष से दे दिए जाएँ।'

कोषाध्यक्ष को आज्ञा देकर राजा ने उस दरबारी से कहा, 'यह तो आपको वह रुपया दिया जा रहा है, जो आपने खर्च किया है। एक सप्ताह बाद आपको उचित पुरस्कार भी दिया जाएगा।'

दरबारी ने तेनालीराम को तिरछी निगाहों से देखा और मुस्कुराने लगा।

तेनालीराम उसके मुस्कराने का अर्थ समझ गया। समय को देखते हुए उसने चुप रहना ही उचित समझा। तेनालीराम यह भी समझ गया कि लाल रंग का मोर किसी भी देश में नहीं होता। ऐसा मोर कहीं भी नहीं पाया जाता।

उसे लगा, यह सब इस दरबारी की कोई चाल है।

तेनालीराम ने दूसरे दिन उस रंग-विशेषज्ञ को खोज निकाला, जिसने मोर को लाल रंग में रँगा था।

तेनालीराम चार मोर लेकर उस चित्रकार के पास पहुँचा। उसने उन्हें लाल रंग से रँगवाकर तैयार कराया। उसी दिन उन्हें लेकर दरबार में पहुँचा और राजा से कहा, 'महाराज, हमारे मित्र दरबारी ने पच्चीस हजार में केवल लाल रंग का केवल एक मोर ही मँगवाया था, मैं मात्र दस हजार में उससे भी अधिक सुंदर चार लाल ले आया हूँ।'

राजा ने देखा। सचमुच तेनाली राम के चारों मोर उस दरबारी वाले मोर से कहीं अधिक सुंदर और सुर्ख लाल रंग के थे।

राजा को आज्ञा देनी पड़ी, 'तेनालीराम को राजकोष से दस हजार रुपए फौरन दे दिए जाएँ।'

राजा कृष्णदेव राय की यह आज्ञा सुनते ही तेनालीराम ने एक आदमी की ओर इशारा करते हुए राजा से कहा, 'महाराज, पुरस्कार का सही अधिकारी यही कलाकार है, मैं नहीं हूँ। यह आदमी एक अनोखा चित्रकार है। यह किसी भी वस्तु का रंग बदलने की कला में निपुण है। इसी ने नीले मोरों का रंग लाल करने की कला दिखाई है।'

अब राजा को सारा गोरखधंधा समझते देर नहीं लगी। वह समझ गए कि पहले दिन दरबारी ने उन्हें मूर्ख बनाकर रुपए ठगे थे।

राजा ने तुरंत उस दरबारी को पच्चीस हजार रुपए लौटाने का आदेश

दिया, साथ ही उस पर पाँच हजार रुपए जुर्माना भी किया और चित्रकार को पुरस्कृत किया।

दरबारी बेचारा क्या करता। वह अपना-सा मुँह लेकर रह गया।

राजा कृष्णदेव राय को खुश करने की सनक में उसे पाँच हजार रुपए भी गँवाने पड़े।

पड़ोसी राजा

विजयनगर राज्य का अपने पड़ोसी राज्य से मनमुटाव चल रहा था। तेनालीराम के विरोधियों को तेनालीराम के विरुद्ध राजा कृष्णदेव राय को भड़काने का यह बड़ा ही उपयुक्त अवसर जान पड़ा।

एक दिन राजा कृष्णदेव राय अपने बगीचे में अकेले बैठे पड़ोसी राज्य की समस्या के बारे में सोच रहे थे कि तभी एक दरबारी उनके पास पहुँचा और बड़ी होशियारी से इधर-उधर झाँकता हुआ राजा के कान के पास मुँह ले जाकर बोला, 'महाराज, कुछ सुना आपने?'

'नहीं तो, क्या हुआ?' राजा चौंके।

'महाराज, क्षमा करें। पहले अभयदान दें तो कुछ कहूँ।'

'जो भी कहना हो, निस्संकोच कहो। डरने की कोई बात नहीं है।' राजा ने दरबारी को अभयदान देते हुए कहा।

'महाराज, तेनालीराम पड़ोसी राजा से मिले हुए हैं। वे हमारे पड़ोसी राजा के साथ हमारे संबंध बिगाड़ना चाहते हैं।'

'क्या बकते हो?' राजा गरजकर बोले।

'मैं तो पहले से ही समझ गया था, महाराज। तेनालीराम ने आपके ऊपर ऐसा जादू किया हुआ है कि आप उसकी शिकायत सुन ही नहीं सकते या यूँ कहिए कि तेनालीराम की शिकायत आपके कानों को सहन नहीं होती।'

'तेनालीराम राज्य का सच्चा और वफादार व्यक्ति है। वह कभी राजद्रोह नहीं कर सकता। तुम्हें अवश्य ही गलत सूचना मिली है।' राजा कृष्णदेव राय ने उस दरबारी से कहा।

'महाराज, आपको जितना विश्वास तेनालीराम की सच्चाई पर है,

उससे कहीं अधिक विश्वास मुझे अपनी इस सूचना पर है। पूरी तरह जाँच परख करके ही मैंने आप तक यह सूचना पहुँचाई है।'

जब उस दरबारी ने जोर देकर अपनी बात कही तो राजा को सोचने पर विवश होना पड़ा।

राजा ने कहा, 'ठीक है। मैं इस बात की जाँच करूँगा। यदि तेनालीराम दोषी पाया गया तो उसे निश्चय ही कठोर दंड दिया जाएगा।'

राजा की इस बात से प्रसन्न होकर दरबारी अपने घर चला गया।

दूसरे दिन कृष्णदेव राय ने तेनालीराम को एकांत में बुलवाया और बोले, 'तेनालीराम, हमें सूचना मिली है कि तुम हमारे शत्रु राजा से मिलकर हमारे विजयनगर राज्य को दूसरे के अधीन कराना चाहते हो?'

तेनालीराम ने जब अपने ऊपर लगाए गए इस आरोप को सुना तो वह सिर से पैर तक काँप गया। वह राजा को क्या उत्तर दे, एकाएक उसे यह भी सुझाई नहीं पड़ा।

जब राजा ने तेनालीराम को चुप देखा तो वह क्रोध से भड़क उठे और बोले, 'तुम्हारे चुप रहने का यही अर्थ लगाया जाए कि तुम अपना अपराध स्वीकार करते हो?'

यह सुनकर तेनालीराम की आँखों में आँसू आ गए। वह बोला, 'महाराज की बात काटने का साहस न तो मैंने अब तक किया है और न ही कभी भविष्य में कर सकूँगा।'

राजा तो क्रोध से भरे हुए थे। तेनालीराम के इस उत्तर से वे और भी भड़क उठे। बोले, 'तुमने जिस पड़ोसी राजा से साँठ-गाँठ की है, अब उसी के राज्य में जाकर रहो, मेरा राज्य कल ही छोड़ दो।'

'इतने बड़े अपराध की इतनी मामूली सजा?' तेनालीराम ने राजा से कहा।

'तुम्हारी अब तक की सेवा, तुम्हारे मित्रतापूर्ण संबंधों तथा तुम्हारे पद की गरिमा को देखते हुए मैं तुम्हें इतना ही दंड देना उचित समझता हूँ। यदि यही अपराध किसी और ने किया होता तो मैं उसकी बोटी-बोटी कटवा देता।' राजा ने क्रोध में कहा।

तेनालीराम ने राजा का फैसला सुना और अपनी सफाई में एक भी शब्द नहीं कहा। बेचारा चुपचाप सिर झुकाकर राजा के सामने से चला गया।

दूसरे दिन जब तेनालीराम के विरोधियों ने यह सुना कि तेनालीराम

राज्य छोड़कर चला गया है तो उनकी खुशी का ठिकाना न रहा। वह सब राजा पर अपना प्रभाव बढ़ाने के उपाय सोचने लगे साथ ही अपनी पदोन्नति के मंसूबे भी बाँधने लगे।

तेनालीराम विजयनगर राज्य के शत्रु राजा से मिला। उसने राजा के गुणों का वर्णन छंदबद्ध करके उसे सुनाया।

राजा अपनी प्रशंसा सुनकर खुशी से झूम उठा। उसने तेनालीराम से उसका परिचय पूछा।

तेनालीराम ने अपना परिचय देते हुए कहा, 'मैं विजयनगर के राजा कृष्णदेव राय का निजी सचिव तेनालीराम हूँ।'

उस राजा ने तेनालीराम की प्रशंसा पहले ही सुन रखी थी लेकिन तेनालीराम से भेंट का यह पहला ही अवसर था। राजा ने तेनालीराम का भरपूर स्वागत किया।

तेनालीराम ने इस स्वागत के लिए राजा को धन्यवाद दिया।

राजा बोला, 'तेनालीराम, राजा कृष्णदेव राय हमें अपना शत्रु मानते हैं, फिर भी तुम हमारे दरबार में निडर होकर कैसे चले आए? तुम तो राजा कृष्णदेव राय के निजी सचिव हो। यहाँ शत्रु के राज्य में तुम्हारा कोई भी अनिष्ट हो सकता है।'

यद्यपि राजा ने सच कहा था। फिर भी तेनालीराम ने मुस्कुराकर कहा, 'राजन्! आप विद्वान हैं, आपके पास अपार शक्ति है। आप सुयोग्य प्रशासक हैं और प्रजा की भलाई चाहने वाले हैं। बिलकुल ऐसे ही गुण हमारे महाराज में भी हैं। वे आपको अपना शत्रु नहीं, मित्र मानते हैं। आपकी इसी भ्रांति को दूर करने के लिए महाराज ने मुझे आपके पास भेजा है।'

क्या कहा! महाराज हमारे दुश्मन नहीं, दोस्त हैं।' राजा आश्चर्य से बोला, 'लेकिन हमारे जासूसों ने तो हमें यह खबर दी थी कि राजा कृष्णदेव राय हमारे राज्य पर हमला करने की तैयारी कर रहे हैं।'

'हाँ राजन, हमारे गुप्तचरों ने हमारे महाराज से यही बात आपके लिए भी कही थी। तभी हमारे महाराज ने मुझे आपके पास भेजा है। युद्ध कभी किसी के लिए भी लाभकारी नहीं होता। आप जैसे दो विद्वान् राजाओं के लिए वह लाभकारी कैसे होगा?' तेनालीराम ने कहा।

राजा पर तेनालीराम की बातों का गहरा प्रभाव पड़ा। वह बोला, 'लड़ाई तो मैं भी नहीं चाहता लेकिन यह बात सिद्ध कैसे हो कि राजा

अंतिम इच्छा

विजयनगर के ब्राह्मण बड़े ही लालची थे। वे किसी-न-किसी बहाने राजा से धन वसूल करते रहते थे। वे राजा की उदारता का अनुचित लाभ उठाते थे। एक दिन राजा कृष्णदेव राय ने उनसे कहा, 'मरते समय मेरी माँ ने आम खाने की इच्छा प्रकट की थी, जो उस समय पूरी नहीं की जा सकी। क्या अब ऐसा कुछ हो सकता है, जिससे उनकी आत्मा को शांति मिले?'

ब्राह्मणों ने कहा, 'महाराज, यदि आप एक सौ आठ ब्राह्मणों को सोने का एक-एक आम भेंट कर दें तो आपकी माँ की आत्मा को अवश्य शांति मिल जाएगी।'

राजा कृष्णदेव राय ने सोने के एक सौ आठ आम बनावाए और ब्राह्मणों को दान कर दिए। ब्राह्मणों के इस लालच पर तेनालीराम को बहुत क्रोध आया। वह उन्हें सबक सिखाने की ताक में रहने लगा।

जब तेनालीराम की माँ की मृत्यु हुई तो एक महीने के बाद उसने ब्राह्मणों को अपने घर आने का न्योता दिया। उसने बताया कि वह भी अपनी माँ की आत्मा की शांति के लिए कुछ करना चाहता है।

खाने-पीने और बढ़िया माल पाने के लोभ में एक सौ आठ ब्राह्मण तेनालीराम के घर जमा हुए। जब सब आसनों पर बैठ गए तो तेनालीराम ने दरवाजे बंद कर लिए और अपने नौकरों से कहा, 'जाओ, लोहे की गरम-गरम सलाखें लेकर आओ और इन ब्राह्मणों के शरीर पर दागो।'

ब्राह्मणों ने सुना तो उनमें चीख-पुकार मच गई। सब उठकर दरवाजों की ओर भागे लेकिन नौकरों ने उन्हें पकड़ लिया और एक-एक बार सभी को गरम सलाखें दागी गईं। बात राजा तक पहुँची। वह स्वयं आए और ब्राह्मणों को बचाया।

क्रोध में उन्होंने पूछा, 'यह क्या कर रहे हो, तेनालीराम?'

तेनालीराम ने उत्तर दिया, 'महाराज, मेरी माँ को जोड़ों के दर्द की बीमारी थी। मरते समय उनको बहुत तेज दर्द था। उन्होंने अंतिम समय में यह इच्छा प्रकट की थी कि दर्द के स्थान पर लोहे की गरम सलाखें दागी जाएँ ताकि वह दर्द से मुक्ति पाकर चैन से प्राण त्याग सकें। उस समय उनकी यह इच्छा पूरी नहीं की जा सकी। इसीलिए ब्राह्मणों को सलाखें दागनी पड़ीं।'

राजा हँस पड़े। ब्राह्मणों के सिर शर्म से झुक गए।

कीमती उपहार

एक लड़ाई जीतकर राजा कृष्णदेव राय ने विजय का उत्सव मनाया। उत्सव की समाप्ति पर राजा ने कहा, 'लड़ाई की जीत अकेले मेरी जीत नहीं है–मेरे सभी साथियों और सहयोगियों की जीत है। मैं चाहता हूँ कि मेरे मंत्रिमंडल के सभी सदस्य इस अवसर पर पुरस्कार प्राप्त करें। आप सभी लोग अपनी-अपनी पसंद का पुरस्कार लें। परंतु एक शर्त है और वह है कि सभी को अलग-अलग पुरस्कार लेने होंगे। एक ही चीज का उपहार दो आदमी नहीं ले सकेंगे।'

यह घोषणा करने के बाद राजा ने उस मडप का पर्दा खिंचवा दिया, जिस मंडप में सारे पुरस्कार सजाकर रखे गए थे।

फिर क्या था! सभी लोग अच्छे-से-अच्छा पुरस्कार पाने के लिए पहल करने लगे।

पुरस्कार सभी लोगों की गिनती के हिसाब से रखे गए थे। अत: थोड़ी देर की धक्का-मुक्की और छीना-झपटी के बाद सबको एक-एक पुरस्कार मिल गया। सभी पुरस्कार कीमती थे। अपना-अपना पुरस्कार पाकर सभी संतुष्ट हो गए।

अंत में बचा सबसे कम मूल्य का पुरस्कार। एक चाँदी की थाली।

यह पुरस्कार उस आदमी को मिलना था, जो दरबार में सबके बाद पहुँचे। यानी लेट लतीफ होने की सजा।

सब लोगों ने जब हिसाब लगाया तो पता चला कि श्रीमान तेनालीराम अभी तक नहीं पहुँचे।

यह जानकर सभी खुश थे। सभी ने सोचा कि इस बेतुके, बेढंगे और सस्ते पुरस्कार को देते हुए हम सब तेनालीराम को खूब चिढ़ाएँगे। बड़ा मजा आएगा।

तभी श्रीमान तेनालीराम आ गए। सारे लोग एक स्वर में चिल्ला पड़े, 'आइए, तेनालीराम जी! आपका अनोखा पुरस्कार इंतजार कर रहा है।'

तेनालीराम ने सभी दरबारियों पर दृष्टि डाली। सभी के हाथों में अपने-अपने पुरस्कार थे। किसी के गले में सोने की माला थी तो किसी के हाथ में सोने का भाला, तो किसी के सिर पर सुनहरे काम की रेशम की पगड़ी, तो किसी के हाथ में हीरे की अँगूठी।

तेनालीराम उन सब चीजों को देखकर सारी बात समझ गया। उसने चुपचाप चाँदी की थाली उठा ली। तेनालीराम ने चाँदी की उस थाली को मस्तक से लगाया और उस पर दुपट्टा ढक दिया, वह भी ऐसे कि जैसे थाली में कुछ रखा हुआ हो।

राजा कृष्णदेव राय ने थाली को दुपट्टे से ढकते हुए तेनालीराम को देख लिया, बोले, 'तेनालीराम, थाली को दुपट्टे से इस तरह क्यों ढक रहे हो?'

'क्या करूँ महाराज, अब तक तो मुझे आपके दरबार से हमेशा अशर्फियों से भरे थाल मिलते रहे हैं। यह पहला मौका है कि मुझे चाँदी की थाली मिली है। मैं इस थाल को इसलिए दुपट्टे से ढक रहा हूँ ताकि आपकी बात कायम रहे। सब यही समझें कि तेनालीराम को इस बार भी महाराज ने थाली भरकर अशर्फियाँ पुरस्कार में दी हैं।'

महाराज तेनालीराम की चतुराई से भरी बातों से प्रसन्न हो गए। उन्होंने गले से अपना बहुमूल्य हार उतारा और कहा, 'तेनालीराम, तुम्हारी थाली आज भी खाली नहीं रहेगी। आज उसमें सबसे बहुमूल्य पुरस्कार होगा। थाली आगे बढ़ाओ तेनालीराम!'

तेनालीराम ने थाली राजा कृष्णदेव राय के आगे कर दी। राजा ने उसमें अपना बहुमूल्य हार डाल दिया।

सभी लोग तेनालीराम की बुद्धि का लोहा मान गए।

थोड़ी देर पहले जो दरबारी उसका मजाक उड़ा रहे थे, वे भीगी बिल्ली बने एक-दूसरे का मुँह देख रहे थे, क्योंकि सबसे कीमती पुरस्कार तेनालीराम को ही मिला था।

मरियल घोड़ा

एक दिन राजा और तेनालीराम अपने-अपने घोड़े पर सवार होकर सैर को निकले। राजा का घोड़ा अरबी नस्ल का बढ़िया घोड़ा था। उसका मूल्य था एक हजार स्वर्ण मुद्राएँ।

इधर तेनालीराम का घोड़ा एकदम मरियल था। वह ढीली-ढीली चाल से चलता जा रहा था। अगर तेनालीराम अपने घोड़े को बेचना चाहता, तो कोई उसके लिए कोई 50 स्वर्ण मुद्राएँ भी न देता।

राजा ने कहा, 'कैसा मरियल घोड़ा है तुम्हारा, जो कमाल मैं अपने घोड़े के साथ दिखा सकता हूँ, तुम अपने घोड़े के साथ कर सकते हो?'

'जो मैं अपने घोड़े के साथ कर सकता हूँ महाराज, वह आप अपने घोड़े के साथ कभी नहीं कर सकते।' तेनालीराम ने कहा।

'लगी सौ-सौ स्वर्ण मुद्राओं की शर्त?' राजा ने कहा।

'लगी।' तेनालीराम ने कहा।

उस समय वे तुंगभद्रा नदी पर बने नए पुल से गुजर रहे थे। नदी में बाढ़ आई हुई थी। पानी बहुत तेज और गहरा था और उसमें कई जगह भँवर दिखाई दे रहे थे।

एकाएक तेनालीराम अपने घोड़े से उतरा और उसने अपने घोड़े को पुल से नीचे तेज बहते पानी में धक्का दे दिया।

'अब आप भी अपने घोड़े के साथ ऐसा करके दिखाइए।' तेनालीराम ने कहा।

अपने बढ़िया और कीमती घोड़े को राजा कैसे पानी में धक्का दे देते? वे बोले, 'न बाबा न! मान गया कि मैं अपने घोड़े के साथ यह करतब नहीं दिखा सकता, जो तुम दिखा सकते हो।' राजा ने यह कहकर तेनालीराम को सौ स्वर्ण मुद्राएँ दे दीं।

'लेकिन तुम्हें यह विचित्र बात सूझी कैसे?' राजा ने पूछा।

'महाराज, मैंने एक पुस्तक में एक बार पढ़ा था कि बेकार और निकम्मे मित्र का यह लाभ होता है कि जब वह न रहे, तो दुःख नहीं होता।' तेनालीराम ने कहा।

राजा ठहाका लगाकर हँस पड़े

मुंडन संस्कार

राजा कृष्णदेव राय के दरबारियों में तेनालीराम से जलने वालों की कोई कमी नहीं थी। वे तेनालीराम को राजा से दंडित कराने के नए-नए उपाय करते किंतु हर बार तेनालीराम की बुद्धिमत्ता के कारण मुँह की खाते और पछताते।

जब ये दरबारी तेनालीराम के हाथों कई बार चोट खा चुके तो उससे बदला लेने के लिए एक और नई तरकीब सोचने लगे।

समस्त दरबारी यह जानते थे कि तेनालीराम को शतरंज का खेल पसंद नहीं है। उन्हें इस खेल से उकताहट होती है और स्वयं भी वह शतरंज का अच्छा खिलाड़ी नहीं है।

इस बार दरबारियों ने तेनालीराम की इसी कमजोरी का फायदा उठाने का निश्चय किया।

अगले ही दिन उनमें से एक दरबारी ने महाराज कृष्णदेव राय से कहा, 'महाराज आप तो शतरंज के माहिर खिलाड़ी हैं, फिर भी आपने काफी दिनों से शतरंज का खेल नहीं खेला। आखिर क्यों?'

'खेलें कैसे? मेरे दरबार में शतरंज का कोई कुशल खिलाड़ी ही नहीं है। यही कारण है कि शतरंज के खेल के लिए हमें मन मारकर रह जाना पड़ता है।'

'क्या कहते हैं महाराज! आपके दरबार में शतरंज का कुशल खिलाड़ी ही नहीं रहा?'

'हाँ भाई...। अब तो लगता है कि हम कभी शतरंज ही नहीं खेल सकेंगे।'

'ऐसा क्यों सोचते हैं महाराज! क्षमा करें तो एक राज़ की बात बताऊँ?'

'हाँ-हाँ-हाँ कहो भाई।' राजा ने कहा।

'महाराज, तेनालीराम शतरंज का एक माहिर खिलाड़ी है, आपका प्यारा भी है, मेरा कहा मानिए तो उसी के साथ कभी-कभी मनोरंजन हेतु शतरंज खेल लिया कीजिए।'

'क्या कहते हो? तेनालीराम और शतरंज का खिलाड़ी! यदि उसे खेल आता होता तो फिर बात ही क्या थी? फिर तो रोज ही खेल जमा

करता।' राजा ने मुस्कुराते हुए कहा।

'यह आप क्या कह रहे हैं, महाराज?' दरबारी चौंकने का अभिनय करता हुआ बोला, 'तेनालीराम जैसा शतरंज का खिलाड़ी तो आपको पूरे राज्य में भी नहीं मिलेगा।'

'लेकिन मैंने तो जब भी तेनालीराम से शतरंज खेलने के लिए आग्रह किया, वह हमेशा यही कहता रहा कि मुझे इस खेल का कोई ज्ञान नहीं है।'

'महाराज, आप तो तेनालीराम को अच्छी तरह जानते ही हैं। वह पूरा घाघ है। आप जब उस पर खेलने के लिए दबाव डालेंगे, तभी वह आपके साथ खेलना स्वीकार करेगा।' दरबारी ने खुशामद करते हुए कहा।

'ठीक है, आप सभी लोग कल शाम को शतरंज का खेल देखने इकट्ठे होकर आना। मैं तेनालीराम के पास कल शाम को शतरंज खेलने की सूचना भिजवाए देता हूँ।' राजा ने कहा।

दरबारी तो यही चाहता था। राजा कृष्णदेव राय की बुद्धि में चाबी भरकर वह अपने घर चला गया।

दूसरे दिन शाम को राजा कृष्णदेव राय ने शतरंज बिछवा दी और तेनालीराम के लाख इंकार करने पर भी उसे जबरदस्ती शतरंज के खेल पर बिठा लिया।

तभी सारे दरबारी हँसकर बोल उठे, 'तेनालीराम जी, आप तो शतरंज के माहिर खिलाड़ी हो, फिर भी महाराज के साथ खेल रहे हो, ऐसा सुयोग किसी बिरले को ही मिलता है, खूब मन लगाकर खेलो।'

तेनालीराम फौरन समझ गया कि इन्हीं दुष्ट दरबारियों ने ही राजा को उल्टी-सीधी पट्टी पढ़ाई है। मजबूर होकर तेनालीराम को शतरंज खेलनी पड़ी और उसने अपनी चाल चल दी।

थोड़ी देर शतरंज के घोड़े-हाथी घूमते रहे और तेनालीराम बाजी हार गया।

तेनालीराम के हारते ही सभी दरबारियों में एक ठहाका गूँज गया। वे बोले, 'तेनालीराम, क्यों सब कुछ जानते हुए भी मूर्खता कर रहे हो? महाराज सरीखे शतरंज के खिलाड़ी को इस खेल में आनंद थोड़े ही आएगा, जरा जमकर खेलो भाई....।'

दरबारियों की यह बात राजा के मन में बैठ गई। वह समझे कि तेनालीराम मक्कारी कर रहा है। राजा को क्रोध आ गया। वह तेनालीराम से

बोला, 'तेनालीराम, यदि तुम मन लगाकर हमारे साथ शतरंज नहीं खेलोगे तो यांद रखो, हम तुम्हें सख्त सजा देंगे।'

'बुरे फँसे!' तेनालीराम मन-ही-मन बुदबुदाया। फिर बोला, 'महाराज, वास्तव में मुझे इस खेल का सही ज्ञान नहीं है। मैं सच कह रहा हूँ।'

'हम कुछ नहीं जानते तेनालीराम। अगर तुम दूसरी बाजी भी हार गए तो याद रहे, कल भरे दरबार में तुम्हारे सिर के बालों का मुंडन संस्कार करा दूँगा।' रोष में भरे राजा ने कहा।

दूसरी बाजी शुरू हुई। तेनालीराम ने खूब जोर लगाया, अच्छी तरह अपनी बुद्धि को टटोल-टटोलकर खेला, लेकिन वाह री किस्मत, इस बार भी हार गया। राजा ने झुँझलाकर खेल खत्म कर दिया।

तेनालीराम के चेहरे पर भी उदासी छा गई लेकिन अन्य सारे दरबारियों के चेहरों पर प्रसन्नता नाच उठी। सब अपने-अपने घरों को चले गए।

दूसरे दिन राजा कृष्णदेव राय का दरबार लगा। दरबार के लगते ही राजा ने एक नाई को बुलवाया और उसे आज्ञा देते हुए कहा, 'तेनालीराम के बालों को उस्तरे से मूँड दो।'

नाई बेचारा, राजा का यह आदेश सुनकर सकपका गया। इतने बड़े आदमी तेनालीराम के बाल वह कैसे मूंडे? परंतु राजा का आदेश टाला भी तो नहीं जा सकता था। नाई वहीं दरबार में बैठकर अपना उस्तरा तेज करने लगा।

तभी तेनालीराम बोल उठा, 'महाराज, एक निवेदन करना चाहता हूँ।'

'हाँ-हाँ, जरूर करिए, बोलिए, क्या कहना चाहते हो?' राजा ने पूछा।

'महाराज, मैंने इन बालों पर पाँच हजार सोने की मोहरें उधार ले रखी हैं। मैं जब तक यह कर्जा नहीं चुका देता, तब तक इन बालों पर मेरा कोई अधिकार नहीं है।'

'ठीक है, पाँच हजार सोने की मोहरें लाकर तेनालीराम को दे दी जाएँ।' राजा ने राज्य के कोषाधिकारी को आदेश देते हुए कहा।

कोषाधिकारी ने तुरंत राजा की आज्ञा का पालन किया और राजकोष से पाँच हजार सोने की मोहरें तेनालीराम के घर भेज दी गईं।

अब तो बात बड़ी बेतुकी हो गई। आखिर तेनालीराम को नाई के आगे बैठना ही पड़ा।

नाई ने जैसे ही अपना हाथ तेनालीराम के बालों की ओर बढ़ाया तो

तेनालीराम ने उसका हाथ रोक दिया और मन-ही-मन कुछ मंत्रों का जाप करने लगा, उन्हें बुदबुदाने लगा।

राजा ने जब आश्चर्यचकित होकर तेनालीराम की यह क्रिया देखी तो बोले, 'अब यह क्या ढोंग करने लगे, तेनालीराम?'

'महाराज यह ढोंग नहीं है। हमारे यहाँ मुंडन संस्कार माँ-बाप के स्वर्ग सिधारने पर किया जाता है। मेरे माँ-बाप तो दोनों ही स्वर्ग सिधार चुके हैं। अब तो आप ही मेरे माँ-बाप हैं—पालक हैं। आपका कुछ अनिष्ट न हो इसलिए मैं प्रभु से प्रार्थना कर रहा हूँ।'

अपने अनिष्ट की बात सुनते ही धर्म-भीरु राजा कृष्णदेव राय घबरा गए। बोले, 'अरे ... रे, यह तो मैंने सोचा ही नहीं था। तेनालीराम, तुम्हें अब अपने सिर के बालों का मुंडन कराने की कोई जरूरत नहीं है। मैं अपना आदेश वापस लेता हूँ।'

राजा का इतना कहना था कि सारे दरबारियों की भावनाओं पर घड़ों पानी फिर गया। यह देखकर तेनालीराम का चेहरा प्रसन्नता से चमक उठा।

'महाराज की जय हो!' कहता हुआ तेनालीराम नाई के आगे से उठकर अपने आसन पर आकर बैठ गया।

शतरंज में तो तेनालीराम ने मात खाई थी, किंतु चतुराई और बुद्धिमत्ता में उसने अपने विरोधी दरबारियों को करारी मात दे दी थी।

बच्चों का भविष्य

एक दिन तेनालीराम ने सोचा कि राजा की परीक्षा ली जाए। वह यह जानना चाहता था कि मुसीबत के समय क्या राजा उसके परिवार के काम आएँगे?

एक दिन तेनालीराम को चुप और उदास देखकर राजा ने पूछा, 'क्या बात है? इतने उदास क्यों हो?'

'महाराज, एक वैद्य ने मुझे बताया कि मुझे कोई रहस्यमय रोग है और मैं दस दिन के अंदर-अंदर संसार से कूच कर जाऊँगा। मैं यह सोच-सोचकर दुखी हूँ कि मेरे बाद मेरी पत्नी और बच्चों की देखभाल कौन करेगा?' तेनालीराम ने कहा।

'तुम चिंता मत करो। इन वैद्यों की बात का कोई भरोसा नहीं और अगर ऐसी बात हो भी जाए तो मैं तुम्हारी पत्नी और बच्चों की रक्षा और पालन-पोषण के लिए सारा प्रबंध करूँगा।' राजा बोले।

'कहते हैं राजा महाराजाओं की बात का विश्वास नहीं करना चाहिए।' तेनालीराम ने कहा।

'यह बेकार की बातें हैं।' राजा ने कहा।

तेनालीराम कुछ न बोला।

अगले दिन से तेनालीराम ने दरबार में जाना छोड़ दिया और यह समाचार फैला दिया कि तेनालीराम बहुत बीमार है।

दसवें दिन उसने यह खबर फैला दी कि तेनालीराम की मृत्यु हो गई है। तेनालीराम ने अपने खजाने के संदूक में से सारा धन निकालकर घर में दूसरे स्थानों पर रख दिया और स्वयं संदूक में जा बैठा। पत्नी से उसने कह दिया कि राजा के सेवक आकर संदूक ले जाना चाहें तो उन्हें ले जाने देना।

राजा के पास भी तेनालीराम की मृत्यु का समाचार पहुँचा।

दरबारियों ने कहा कि तेनालीराम के पास बहुत धन था। उसे सदा राजा से स्वर्ण मुद्राओं की थैलियाँ मिला करती थीं। महाराज उसका सारा धन अपने अधिकार में कर लें।

राजा को उन दिनों धन की आवश्यकता भी थी। उन्होंने सेवकों को तेनालीराम के खजाने का संदूक ले आने की आज्ञा दी।

वे लोग तेनालीराम के घर से संदूक उठा लाए। राजा ने संदूक खोलने की आज्ञा दी। संदूक का ढकना हटाया गया, उसमें से तेनालीराम उठ खड़ा हुआ।

वह बोला, 'राजा-महाराजाओं पर कभी विश्वास नहीं करना चाहिए।'

'तो तुम अभी जीवित हो?' राजा ने कहा।

'महाराज, मैं अपनी पत्नी और बच्चों का भविष्य ऐसे हाथों में छोड़कर कैसे जा सकता हूँ?' तेनालीराम ने उत्तर दिया।

डंडे की करामात

एक गाँव में एक औरत रहती थी। वह प्रतिदिन शाम को अपने पति को दस जूते मारा करती थी।

इस औरत की एक बेटी भी थी। जब वह विवाह-योग्य हुई तो उसके लिए वर की खोज होने लगी। लड़की रूपवती थी, परंतु लोगों को डर था कि यह अपनी माँ की तरह जूते न मारे। इसलिए उसके साथ कोई विवाह नहीं करना चाहता था।

नगर-नगर और गाँव-गाँव में इस जूता मारने वाली औरत की चर्चा थी। इधर तेनालीराम की कीर्ति भी कम न थी। उसके शत्रु उससे वैर रखते थे। ऐसे लोगों ने किसी-न-किसी बहाने तेनालीराम को नीचा दिखाने का विचार किया। तेनालीराम के रिश्तेदार भी उससे बहुत जलते थे, इसलिए उन्होंने भी अपना बैर निकालने के लिए यह अच्छा अवसर समझा।

एक दिन तेनालीराम सारे कामों से निबटकर अपने घर में बैठे थे। उस समय एक पुरोहित उनसे मिलने आया। तेनालीराम ने उसको बहुत आदरपूर्वक बिठाया।

थोड़ी देर इधर-उधर की बातें करने के बाद पुरोहित ने कहा, 'वह रमाबाई अपने पति विष्णु शर्मा को नित्य दस जूते मारा करती है, उसको तो आप जानते होंगे। उसकी एक रूपमती बेटी है। उससे कोई विवाह नहीं करना करता। सबको यही भय है कि उसमें माता के आचरण न हों। यदि आप उससे विवाह कर लें तो आपकी बहुत प्रशंसा होगी।'

तेनालीराम ने उसका मतलब समझ लिया और कहा, 'आपका कहना ठीक है; परंतु मेरा एक विवाह हो चुका है और दूसरा करने की मेरी इच्छा नहीं है, इसलिए मैं यह विवाह नहीं कर सकता। किंतु हाँ, मेरा एक छोटा भाई है, जो इन दिनों काशी पढ़ने गया है, यदि उसके साथ उस लड़की का रिश्ता हो सकता हो तो मैं तैयार हूँ।'

यह सुनकर पुरोहित जी प्रसन्न होते हुए रमाबाई के घर गए और अपने आने का मतलब कह सुनाया। सुनते ही रमाबाई बहुत प्रसन्न हुई और उसने तेनालीराम के भाई को अपनी लड़की देना स्वीकार कर लिया। विवाह का दिन निश्चित करने की भी उसने पुरोहित को अनुमति दे दी। पुरोहित ने तेनालीराम के पास जाकर विवाह का दिन भी निश्चित कर दिया।

तेनालीराम का कोई भाई न था। जब विवाह पक्का हो गया, तब वह एक अनाथ बालक को ढूँढ़ने लगे। ढूँढ़ते-ढूँढ़ते दो-तीन दिन में उनको एक बीस वर्ष का युवक मिल गया, जो बहुत पढ़ा-लिखा था और रोजगार की चिंता में विजयनगर आया हुआ था।

तेनालीराम ने उस युवक को अपने घर पर टिका लिया और एक दिन कहा, 'मैं रमाबाई की कन्या से तुम्हारा विवाह करा दूँगा। तेरे जीवन-निर्वाह का उचित प्रबंध भी करा दूँगा। परंतु इन सब बातों के लिए तुम्हें मेरा भाई बनना पड़ेगा, यदि तुम्हारी इच्छा हो तो मैं उपाय करूँ।'

तेनालीराम की यह बात सुनकर युवक अत्यंत प्रसन्न हुआ। उसने यह सहर्ष स्वीकार किया।

थोड़े ही दिनों के बाद विवाह की तैयारी हुई और भाँवरें पड़ीं।

जिस दिन लड़की ससुराल जाने को तैयार हुई, उसी दिन उसकी माँ ने एक जूता उसे दिया और शिक्षा दी, 'बेटी, जो तू मेरी सच्ची लड़की है तो मुझसे भी अधिक अपने पति पर प्रभाव जमा लेना। मैं तो हर रोज उसे दस जूते मारती हूँ, परंतु तुझको बहादुर माँ की बहादुर बेटी उसी समय मानूँगी जब कि तू अपने पति को पंद्रह जूते रोज मारे, और यदि तू मेरे कहने के अनुसार नहीं चलेगी तो मैं जन्म-भर तेरा मुँह भी नहीं देखूँगी।'

लड़की ने यह बात स्वीकार कर ली।

रमाबाई ने अपने पति को उसे पहुँचाने के लिए भेजा।

लड़की के ससुराल में पहुँचते ही तेनालीराम ने ऐसा रूप बना लिया, जिससे वह थरथर काँपने लगी। उसके पति को भी तेनालीराम ने चिड़चिड़े स्वभाव का बनकर रहने को समझा दिया था। तेनालीराम और अपने पति इन दोनों के स्वभाव में चिड़चिड़ापन और क्रोध देखकर उस लड़की ने भय के मारे जूता चुपके से कोने में डाल दिया और मारने का विचार उस समय छोड़ दिया।

एक दिन भोजन के पश्चात् तेनालीराम और विष्णु दोनों बात कर रहे थे। उस समय तेनालीराम ने बिलकुल अनजान बनकर विष्णु की पीठ पर हाथ फेरते हुए पूछा, 'तुम्हारी पीठ पर ऐसे गड्ढे क्यों पड़ रहे हैं?'

यह सुनकर विष्णु ने सारी बात कह सुनाई। तेनालीराम ने सुनकर बहुत खेद प्रकट किया और कहा, 'एक उपाय मुझे सूझा है, तुम करो तो बताऊँ?'

उसने उस बात की हामी भरी। तेनालीराम ने उसको चार मास तक अपने यहाँ रखकर नित्यप्रति प्रातःकाल सूर्य को सांष्टांग दंडवत् प्रणाम करते रहने के लिए कहा।

वह तेनालीराम की आज्ञानुसार नित्यप्रति यह व्यायाम करने लगा। तेनालीराम उसको खाने के लिए अच्छा पौष्टिक भोजन देता था, जिससे चार मास में उसका शरीर हृष्ट-पुष्ट हो गया।

जब वह खूब हृष्ट-पुष्ट हो गया, तब तेनालीराम ने लुहार को बुलवाकर एक सुंदर डंडा बनवाया। इस डंडे में बाँस के ऊपर उचित स्थानों पर लोहा लगवाकर उसको ठीक लुहांगी बना दिया।

तेनालीराम ने वह लुहांगी उसको देकर नाम 'गुरुभाई' रखा और काम पड़ने पर उसको किस प्रकार काम में लाना चाहिए यह बतलाकर घर भेज दिया।

अपने पति को पाँच मास बाद आया हुआ देखकर रमाबाई को बहुत हर्ष हुआ। उसने पाँच मास तक के जूतों का हिसाब कर रखा था।

पति को हृष्ट-पुष्ट देखकर वह मन में बहुत प्रसन्न हुई। यद्यपि वह बेचारा बहुत दूर से थका-हारा आया था, परंतु उसको इस बात से कोई मतलब नहीं था। उसने आते ही उसको जूता मरने के स्थान पर बैठने की आज्ञा दी। बेचारा पति अपने डंडे को छिपाए हुए उस स्थान पर जा बैठा।

औरत ने जूता मारने के लिए ज्यों ही हाथ बढ़ाया, त्यों ही पति ने रमाबाई को ऐसे जोर से डंडा मारा कि उसका सिर फट गया।

डंडे के लगते ही वह चीखी, 'अरे रे, मार डाला!' और जमीन पर गिर पड़ी। तब पति ने दूसरा डंडा मारा, जिसके लगते ही वह और जोर से चिल्लाने लगी।

उसकी चिल्लाहट सुनकर अड़ोस-पड़ोस के आदमी इकट्ठे हो गए और उसको मारने से रोका। अपने पति का रौद्र रूप देखकर वह डर गई और उस दिन से उसकी आज्ञा मानने लगी।

जब लोगों ने यह बात सुनी कि तेनालीराम की युक्ति से विष्णु ने अपनी दुष्ट स्त्री से छुटकारा पाया है तो वे उसकी बुद्धि की प्रशंसा करने लगे और उन्होंने उस दिन से तेनालीराम से बैर रखना छोड़ दिया। किसी ने सच कहा है कि डंडे के आगे तो भूत भी भाग जाता है।

प्रमाण

यदि किसी झूठी बात को बार-बार सच्चा बताया जाए या झूठी बात को बहुत से आदमी सच्ची बताने लगें तो वह बात सच्ची मान ली जाती है।

इसी सिद्धांत का सहारा लेकर तेनालीराम से जलनेवाले सभी दरबारियों ने यह फैसला किया कि तेनालीराम के विरुद्ध राजा कृष्णदेव राय के कान भरे जाएँ। सारे दरबारियों ने यह निश्चय किया कि रोजाना अलग-अलग दरबारी एक ही शिकायत राजा से करे तो कोई कारण नहीं कि महीने-दो-महीने में राजा अपने प्रिय दरबारी तेनालीराम से विमुख हो जाएगा।

बस फिर क्या था।

अपने इस निर्णय के दूसरे ही दिन दरबारियों ने अपने-अपने हथकंडों का प्रयोग करना शुरू कर दिया।

एक दरबारी राजा के पास जाकर बोला, 'महाराज, कुछ सुना आपने?'

'क्यों, क्या हुआ?' राजा ने उससे पूछा।

'महाराज, अपराध क्षमा करें तो कहूँ?'

'हाँ-हाँ कहो, क्या बात है?'

'महाराज, सुनने में आ रहा है कि आजकल तेनालीराम खूब रिश्वत बटोर रहा है। वह क्योंकि आपका परमप्रिय है, इसलिए लोग उसकी हर बात मानने को विवश हैं। यदि लोग आपसे उसकी शिकायत भी करते तो आप किसी भी दशा में उनकी शिकायत पर कभी विश्वास नहीं करेंगे।' उस दरबारी ने काफी प्रभावशाली ढंग से इस बात को कहा।

'हाँ भाई, यह तो सच है। फिर भी मुझे तुम्हारे साहस की सराहना करनी पड़ती है कि तुमने तेनालीराम की शिकायत करने का साहस तो किया। पता नहीं इतना साहस तुमने कैसे जुटा लिया?'

दरबारी ने राजा के मुँह से ऐसी बात सुनी तो ऐसा लगा जैसे उसकी जान ही निकल गई हो। आया तो राजा का प्यार पाने को और प्यार की जगह राजा ने उसे ही झिड़क दिया। वह बेचारा अपना-सा मुँह लेकर वहाँ से रफूचक्कर हो गया।

पर दरबारी भी बड़े काइयाँ थे। वे अपनी पहली असफलता पर हार मानने वाले नहीं थे।

दूसरे दिन एक अन्य दरबारी राजा कृष्णदेव राय के पास गया और उसने भी खूब नमक-मिर्च लगाकर तेनालीराम की शिकायत की।

और फिर तो रोज का ही नियम-सा बन गया। कोई-न-कोई दरबारी राजा के दरबार में पहुँचता और तेनालीराम की शिकायत करता।

लगभग एक महीने तक दरबारियों की शिकायतों का क्रम चलता रहा। राजा को भी उनकी बातों पर थोड़ा विश्वास जमने लगा।

राजा कृष्णदेव राय सोचने लगे कि शायद दरबारियों की बात में कुछ तो तथ्य है। लगता है कि तेनालीराम सचमुच ही रिश्वतखोर बन गया है। तभी तो उसके खिलाफ इतनी शिकायतें आ रही हैं। तेनालीराम को दंड देना ही होगा। यदि दंड नहीं दिया गया तो मेरी न्यायप्रियता मिट्टी में मिल जाएगी।

बस, फिर क्या था! अगले दिन राजा कृष्णदेव राय ने तेनालीराम को दरबार में बुलवाया और कहा, 'तेनालीराम, तुम्हारे विरुद्ध रिश्वतखोरी की शिकायतें हमें पिछले एक महीने से मिल रही हैं।'

'महाराज, मैं और रिश्वत? यह कभी नहीं हो सकता। यह तो एक नदी के दो किनारे हैं, जो कभी नहीं मिल सकते।'

'यही बात मैं भी समझता था। तभी तो मैंने इतने दिनों तक उन शिकायतों पर कोई ध्यान नहीं दिया, किंतु जब शिकायतों की झड़ी लग गई तो मुझे भी उन शिकायतों पर विश्वास करना पड़ रहा है। तुम या तो एक हफ्ते के अंदर-अंदर अपनी ईमानदारी का प्रमाण दो वरना तुम्हें हमारे दरबार का पद छोड़ना पड़ेगा।'

तेनालीराम ने अपनी बुद्धि से तुरंत भाँप लिया कि यह दरबारियों का उसके विरुद्ध रचा गया षड्यंत्र है।

उसको भरे दरबार में अपमानित कराकर सभी दरबारी मन-ही-मन बड़े प्रसन्न हुए।

तेनालीराम बेचारा कह ही क्या सकता था? शर्म से सिर झुकाए दरबार में बैठा रहा। दरबार समाप्त होने पर राजा ने उसे अपनी बात फिर याद दिलाई।

तेनालीराम ने राजा को नित्य की भाँति सिर झुकाकर अभिवादन किया और चुपचाप अपने घर चला आया।

अगले ही दिन जैसे ही दरबार लगा तेनालीराम का नौकर आँखों में

आँसू भरे दरबार में उपस्थित हुआ और एक पत्र मंत्री जी के हाथ में दे दिया।

मंत्री ने पत्र खोलकर पढ़ना शुरू किया। पत्र में लिखा था–

महाराज! शत-शत प्रणाम्।

कल मुझ बेकसूर को भरे दरबार में लज्जित होना पड़ा। मेरे सभी दरबारी साथी मेरे विरुद्ध आरोप सुनकर भी चुप बैठे रहे। इससे मुझे ऐसा लगा मानो वे भी मुझे दोषी मान बैठे हैं। ऐसी स्थिति को भला मुझ जैसा सत्यवादी कैसे सहन कर सकता था? मैं ऐसे जीवन से मृत्यु को श्रेष्ठ समझकर मर जाना उचित समझता हूँ। इसलिए मैं स्वयं को नदी की भेंट कर रहा हूँ। भगवान आपको लंबी उम्र दे। आपने जो स्नेह मुझे दिया, उसके लिए मैं जन्म-जन्मांतर तक आपका आभारी रहूँगा।

आपका

तेनालीराम

पत्र को सुनते ही राजा कृष्णदेव राय की आँखें भीग गईं। वह बोले, 'मैं भी कैसा पागलपन कर बैठा, जो कुछ लोगों की शिकायत सुनकर ही तेनालीराम को दंड सुना बैठा। तेनालीराम जैसा अनमोल हीरा कहाँ मिलेगा!'

'आप बिलकुल सच कह रहे हैं, महाराज। तेनालीराम बहुत ही बुद्धिमान था–उसकी जगह की पूर्ति हो पाना असंभव है। वह राजभक्त था–विद्वान था, सत्यवादी था, ईमानदार था और इन सब गुणों के साथ-साथ सबका हितैषी और प्रसन्नचित्त रहनेवाला इंसान था।'

राजा को अपनी भूल का आभास हो गया किंतु अब क्या हो सकता था! उन्होंने तत्काल आदेश दिया, 'आज की बैठक शोकसभा के रूप में होगी। सभी सच्चे मन से तेनालीराम की आत्मा की शांति के लिए प्रार्थना करें और तेनालीराम के गुणों की चर्चा करें।'

आज्ञा का तुरंत पालन हुआ। कुछ देर मौन रखकर तेनालीराम की आत्मा की शांति के लिए प्रार्थना की गई। फिर सभी दरबारियों ने तेनालीराम के गुणों की चर्चा की।

अभी शोकसभा चल ही रही थी कि उसी समय भरे दरबार में एक जटाधारी अपना जटाजूट उतारकर फेंकता हुआ आ खड़ा हुआ और बोला, 'महाराज की जय हो। महाराज ने अपने श्रीमुख से और मेरे सभी दरबारी

दोस्तों ने मुझे एक स्वर से ईमानदार और सत्यवादी बताया है, अब तो मेरी सच्चाई का सबूत आपको मिल गया ना?'

यह नकली जटाजूटधारी तेनालीराम स्वयं ही थे।

राजा कृष्णदेव राय ने जब तेनालीराम को इस रूप में देखा तो हँसते हुए बोले, 'तेनालीराम, तुमसे कोई नहीं जीत सकता। तुम्हारी बुद्धिमत्ता से पार पाना बहुत मुश्किल है। यह नाटक रचाकर तुमने न केवल अपने-आपको निर्दोष सिद्ध कर दिया है–बल्कि अपने आलोचकों के मुँह पर तमाचा भी जड़ दिया है।'

तेनालीराम ने स्वयं फिर अपनी आँखों से देखा कि सचमुच उन सभी दरबारियों के मुख पर कालिख पुत चुकी थी, जिन्होंने तेनालीराम की महाराज से शिकायत की थी।

राजा का तोता

किसी ने महाराज कृष्णदेव राय को एक तोता भेंट किया। यह तोता बड़ी भली और सुंदर-सुंदर बातें करता था।

वह लोगों के प्रश्नों के उत्तर भी देता था।

राजा को वह तोता बहुत पसंद था।

उन्होंने उसे पालने और उसकी रक्षा का भार अपने एक विश्वासी नौकर को सौंपते हुए कहा, 'इस तोते की सारी जिम्मेदारी अब तुम्हारी है। इसका पूरा ध्यान रखना। तोता मुझे बहुत प्यारा है। इसे कुछ हो गया तो याद रखो, तुम्हारे हक में वह ठीक नहीं होगा। यदि तुमने या किसी और ने आकर कभी यह समाचार दिया कि यह तोता मर गया है, तो तुम्हें अपने प्राणों से हाथ धोने पड़ेंगे।'

उस नौकर ने तोते की खूब देखभाल की।

हर तरह से उसकी सुख-सुविधा का ध्यान रखा, पर तोता बेचारा एक दिन चल बसा।

बेचारा नौकर थर-थर काँपने लगा। अब उसकी जान की खैर नहीं।

वह जानता था कि तोते की मौत का समाचार सुनते ही क्रोध में

महाराज उसे मृत्युदंड दे देंगे।

बहुत दिन सोचने पर उसे एक ही रास्ता सुझाई दिया। तेनालीराम के अलावा कोई उसकी रक्षा नहीं कर सकता था।

वह दौड़ा-दौड़ा तेनालीराम के पास पहुँचा और उन्हें सारी बात कह सुनाई।

तेनालीराम ने कहा, 'बात सचमुच बहुत ही गंभीर है। वह तोता महाराज को बहुत प्यारा था, पर तुम चिंता मत करो। मैं कुछ उपाय निकाल ही लूँगा। तुम चुप रहो। तोते के बारे में महाराज से कुछ कहने की आवश्यकता नहीं। मैं स्वयं सँभाल लूँगा।'

तेनालीराम महाराज के पास पहुँचा और घबराया हुआ बोला, 'महाराज वह आपका तोता व ... ह .... तो .... ता .... !'

'क्या हुआ तोते को? तुम इतने घबराए हुए क्यों हो, तेनालीराम? बात क्या है?' महाराज ने पूछा।

'महाराज, आपका वह तोता तो अब बोलता ही नहीं, बिलकुल चुप हो गया है। न कुछ खाता है, न पीता है, न पंख हिलाता है। बस सूनी-सूनी आँखों से ऊपर की ओर देखता रहता है। उसकी आँखें तक नहीं झपकतीं।' तेनालीराम ने कहा।

महाराज तेनालीराम की बात सुनकर बहुत हैरान रह गए।

वह स्वयं तोते के पिंजरे के पास पहुँचे।

उन्होंने देखा कि तोते के प्राण निकल चुके हैं।

झुँझलाते हुए वह तेनालीराम से बोले, 'सीधी तरह से यही क्यों नहीं कह दिया कि तोता मर गया है। तुमने सारी महाभारत सुना दी, असली बात नहीं कही।'

महाराज, आप ही ने तो कहा था कि अगर तोते के मरने का समाचार आपको दिया गया तो तोते के रखवाले को मृत्युदंड दिया जाएगा। अगर मैंने आपको यह समाचार दे दिया होता, तो बेचारा नौकर अब तक मौत के घाट उतार दिया गया होता।' तेनालीराम ने कहा।

राजा इस बात से बहुत प्रसन्न थे कि तेनालीराम ने एक निर्दोष व्यक्ति को मृत्युदंड देने से बचा लिया था।

तपस्या

विजयनगर में बड़ी जोरदार ठंड पड़ रही थी। राजा कृष्णदेव राय के दरबार में इस ठंड की चर्चा हुई।

पुरोहित ने महाराज को सुझाया, 'महाराज, यदि इन दिनों यज्ञ किया जाए तो उसका फल उत्तम होगा। दूर-दूर तक उठता यज्ञ का धुआँ सारे वातावरण को साफ और स्वच्छ कर देगा।'

दरबारियों ने एक स्वर में कहा, 'बहुत उत्तम सुझाव है पुरोहित जी का। महाराज को यह सुझाव अवश्य पसंद आया होगा।'

महाराज कृष्णदेव राय कहा, 'ठीक है। आवश्यकता के लिए हमारे खजाने से धन प्राप्त कर लें।'

'महाराज, यह महान यज्ञ सात दिन तक चलेगा। कम-से-कम एक लाख स्वर्ण मुद्राएँ तो खर्च हो ही जाएँगी। प्रतिदिन सवेरे सूर्योदय से पहले पहर में नदी के ठंडे जल में खड़े होकर तपस्या करूँगा और देवी-देवताओं को प्रसन्न करूँगा।'

अगले ही दिन से यज्ञ शुरू हो गया। इस यज्ञ में दूर-दूर से हजारों लोग आते, ढेरों प्रसाद बँटता।

पुरोहित जी यज्ञ से पहले सुबह-सवेरे कड़कड़ाती ठंड में नदी के ठंडे जल में खड़े होकर तपस्या करते, देवी-देवताओं को प्रसन्न करते। लोग यह सब देखते और आश्चर्यचकित होते।

एक दिन राजा कृष्णदेव राय भी सुबह-सवेरे पुरोहित जी को तपस्या करते देखने गए। उनके साथ तेनालीराम भी था। ठंड इतनी थी कि दाँत किटकिटा रहे थे। ऐसे में पुरोहित जी को नदी के ठंडे पानी में खड़े होकर तपस्या करते देख राजा कृष्णदेव राय ने तेनालीराम से कहा–

'आश्चर्य .... अद्‌भुत .... करिश्मा ..... कितनी कठिन तपस्या कर रहे हैं हमारे पुरोहित जी। राज्य की भलाई की उन्हें कितनी चिंता है।'

'वह तो है ही ... आइए महाराज .... जरा पास चलकर देखें पुरोहित जी की तपस्या को।' तेनालीराम ने कहा।

'लेकिन पुरोहित जी ने तो यह कहा है कि तपस्या करते समय कोई पास न आए। इससे उनकी तपस्या में विघ्न पैदा होगा।' राजा ने कहा।

'तो महाराज, हम दोनों ही कुछ देर तक उनकी प्रतीक्षा कर लें। जब

पुरोहित जी तपस्या समाप्त कर ठंडे पानी से बाहर आएँ, तो फल-फूल देकर उनका सम्मान करें।'

राजा कृष्णदेव राय को तेनालीराम की यह बात जँच गई।

वह बैठकर पुरोहित को तपस्या करते हुए देखते रहे।

काफी समय गुजर गया लेकिन पुरोहित ठंडे पानी से बाहर निकलने का नाम ही नहीं ले रहे थे।

तभी तेनालीराम बोल उठा, 'अब समझ में आया, लगता है ठंड की वजह से पुरोहित जी का शरीर अकड़ गया है। इसीलिए शायद इन्हें पानी से बाहर आने में कष्ट हो रहा है। मैं इनकी सहायता करता हूँ।'

तेनालीराम ने कुछ पल सोचा, फिर नदी की ओर बढ़ गया। उसने पुरोहित जी का हाथ पकड़कर उन्हें बाहर खींच लिया।

पुरोहित के पानी से बाहर आते ही राजा हैरान रह गए। उनकी समझ में कुछ नहीं आ रहा था। बोले, 'अरे, पुरोहित जी की तपस्या का चमत्कार तो देखो तेनालीराम, कमर से नीचे का सारा शरीर नीला हो गया।'

तेनालीराम हँसकर बोला, 'यह कोई चमत्कार नहीं है महाराज! यह देखिए, सर्दी से बचाव के लिए पुरोहित जी ने धोती के नीचे जल-रोधक नीचे रंग का पाजामा पहन रखा है।

राजा कृष्णदेव राय ठठाकर हँस पड़े और तेनालीराम को साथ लेकर अपने महल की ओर चल दिए। पुरोहित दोनों को जाते हुए देखता रहा।

वर्षा-उत्सव

राजा कृष्णदेव राय का दरबार लगा था। बाहर रिमझिम फुहारें पड़ रही थीं। उनका कर्णप्रिय संगीत महाराज को बड़ा ही मनभावन लग रहा था।

तभी राजा कृष्णदेव राय ने अपनी इच्छा प्रकट करते हुए कहा, 'मेरी हार्दिक इच्छा है कि इस वर्ष भी वर्षा-उत्सव धूमधाम से मनाया जाए।'

यह बात सुनकर सभी दरबारियों के चेहरे खिल उठे। मंत्री ने अपना सुझाव देते हुए कहा कि इस अवसर पर राज्य के सभी कलाकार अपनी-अपनी कला का प्रदर्शन करें और महाराज की ओर से सर्वश्रेष्ठ कलाकार का सम्मान किया जाए।

इस अनोखे वर्षा-उत्सव की योजना तुरंत तैयार हो गई।

'लेकिन सम्मान किस कलाकार का हो?' महाराज ने पूछा।

तब मंत्री ने सुझाव देते हुए फिर कहा, 'महाराज, हमारे राजदरबार में बहुत से कलाकार हैं। उन्हीं में से किसी एक को पुरस्कार दिया जा सकता है।'

तेनालीराम को मंत्री का यह सुझाव कुछ अटपटा-सा लगा। वह बोला, 'महाराज, इस बार वास्तव में किसी सच्चे कलाकार का सम्मान किया जाए।'

'सच्चा कलाकार! कहना क्या चाहते हो तुम, तेनालीराम?' राजा कृष्णदेव राय ने आँखें तरेरकर पूछा।

'महाराज, सच्चा शिल्पी कभी किसी को खुश करने के लिए मूर्तियाँ नहीं बनाता। मैंने एक ऐसा शिल्पी देखा हैं, जो मूर्तियाँ बनाते-बनाते जड़ हो गया। उसे अपने आसपास की कुछ खबर तक नहीं है।'

'तब तो हम अवश्य उस शिल्पी की कला देखना चाहेंगे।' राजा ने कहा।

अगले ही दिन राजा कृष्णदेव राय अपने घोड़े पर बैठकर तेनालीराम, मंत्री और प्रमुख सभासदों को साथ लेकर उस शिल्पी से मिलने चल पड़े।

चलते-चलते एक जंगल में वह 'काला पहाड़' के निकट पहुँचे। पहाड़ की गुफा से ठक-ठक की आवाज निरंतर आ रही थी।

राजा कृष्णदेव राय गुफा के अंदर गए। उन्होंने देखा, उनके चारों ओर काले पत्थर की मूर्तियाँ ही मूर्तियाँ थीं। उन्हीं मूर्तियों के बीच वह मूर्तिकार ऐसे बैठा था—जैसे वह भी कोई मूर्ति हो।

राजा कृष्णदेव राय उसके पास गए और पूछा, 'किसकी मूर्ति बना रहे हैं आप?'

'वर्षारानी की। नीचे लहलहाती फसलें, ऊपर आकाश में उमड़ते-घुमड़ते बादल और बीच में नृत्य करती वर्षारानी ....।'

लेकिन आप इन मूर्तियों को बाजार में क्यों नहीं बेचते? बहुत धन मिलेगा।'

'यह काम मेरा नहीं, सौदागरों का है। मैं मूर्तियाँ बनाता हूँ, इसी में मुझे आनंद मिलता है। कुछ व्यापारी हैं, जो ये मूर्तियाँ ले जाते हैं। मुझे खाने-पीने के लिए कुछ पैसा मिल जाता है, बस।'

यह सुनकर राजा कृष्णदेव राय अवाक् रह गए।

उसी दिन राजा कृष्णदेव राय ने सारे राज्य में घोषणा करवा दी, 'इस बार वर्षा-उत्सव पर वनवासी मूर्तिकार की कला का सम्मान किया जाए। मूर्तिकार की बनाई वर्षारानी की मूर्ति राजमहल के उद्यान के बीचोंबीच प्रतिष्ठित की जाएगी।'

तेनालीराम की बुद्धिमत्ता की प्रशंसा सभी लोग मुक्त कंठ से कर रहे थे।

बहरूपिया

तेनालीराम के कारनामों से राजगुरु बहुत परेशान था। हर दूसरे-तीसरे दिन उसे तेनालीराम के कारण नीचा देखना पड़ता था। वह सारे दरबार में हँसी का पात्र बनता था।

उसने सोचा कि यह दुष्ट कई बार महाराज के मृत्युदंड से भी बच निकला है। इससे छुटकारा पाने का केवल एक ही रास्ता है और वह यह कि मैं स्वयं इसको किसी तरह मार दूँ।

उसने मन-ही-मन एक योजना बनाई।

राजगुरु कुछ दिनों के लिए तीर्थयात्रा के बहाने नगर छोड़कर चला गया और एक जाने-माने बहरूपिए के यहाँ जाकर उससे प्रशिक्षण लेने लगा। कुछ समय में वह बहरूपिए के सारे करतब दिखाने में कुशल हो गया।

वह बहरूपिए के वेश में ही वापस नगर चला आया और दरबार में पहुँचा। उसने राजा से कहा कि वह तरह-तरह के करतब दिखा सकता है।

राजा बोले, 'तुम्हारा सबसे अच्छा स्वांग कौन-सा है?'

'मैं शेर का स्वांग बहुत अच्छा करता हूँ, महाराज, लेकिन उसमें खतरा है। उसमें कोई घायल भी हो सकता है और मर भी सकता है। इस स्वांग के लिए आपको मुझे एक खून माफ करना पड़ेगा।' बहरूपिए ने कहा।

महाराज ने उसकी शर्त मान ली।

'एक शर्त और है महाराज। मेरे स्वांग के समय तेनालीराम भी दरबार में अवश्य उपस्थित रहे।' बहरूपिया बोला।

'ठीक है, हमें यह शर्त भी स्वीकार है।' महाराज ने सोचकर उत्तर दिया।

इस शर्त को सुनकर तेनालीराम का माथा ठनका। उसे लगा कि यह अवश्य कोई शत्रु है, जो स्वांग के बहाने मेरी हत्या करना चाहता है।

अगले दिन स्वांग होना था। तेनालीराम अपने कपड़ों के नीचे कवच पहनकर आया ताकि अगर कुछ गड़बड़ हो तो वह अपनी रक्षा कर सके।

स्वांग शुरू हुआ। बहरूपिए की कला का प्रदर्शन देखकर सभी दंग थे।

कुछ देर तक उछलकूद करने के बाद अचानक बहरूपिया तेनालीराम के पास पहुँचा और उस पर झपट पड़ा।

तेनालीराम तो पहले से ही तैयार था। उसने धीरे से अपने हथनखे से उस पर वर किया। तिलमिलाता हुआ बहरूपिया उछलकर जमीन पर गिर पड़ा।

तेनालीराम पर हुए आक्रमण से राजा भी एकदम घबरा गए थे। कहीं तेनालीराम को कुछ हो जाता तो? उन्हें बहरूपिए की शर्तों का ध्यान आया। एक खून की माफी और तेनालीराम के दरबार में उपस्थित रहने की शर्त। अवश्य दाल में कुछ काला है।

उन्होंने तेनालीराम को अपने पास बुलाकर पूछा, 'तुम ठीक हो ना? घाव तो नहीं हुआ?'

तेनालीराम ने महाराज को कवच दिखा दिया। उसे एक खरोंच भी न आई थी।

महाराज ने पूछा, 'क्या तुम्हें इस व्यक्ति पर संदेह था, जो तुम कवच पहनकर आए हो?'

'महाराज, अगर इसकी नीयत साफ होती तो यह दरबार में मेरे उपस्थित रहने की शर्त न रखता।' तेनालीराम ने कहा।

महाराज बोले, 'इस दुष्ट को मैं दंड देना चाहता हूँ। इसने तुम्हारे प्राण लेने का प्रयत्न किया है। मैं इसे अभी फाँसी का दंड दे सकता हूँ लेकिन मैं चाहता हूँ कि तुम स्वयं बदला लो।'

'जी हाँ, मैं स्वयं ही इसको मजा चखाऊँगा।' तेनालीराम गंभीरता से बोला।

'वह कैसे?' महाराज ने पूछा।

'बस आप देखते जाइए।' तेनालीराम ने उत्तर दिया।

फिर तेनालीराम ने बहरूपिए से कहा, 'महाराज, तुम्हारी कला से बहुत प्रसन्न हैं। वह चाहते हैं कि कल तुम सती स्त्री का स्वांग दिखाओ। अगर उसमें तुम सफल हो गए तो महाराज की ओर से तुम्हें पुरस्कार के रूप में पाँच हजार स्वर्ण मुद्राएँ भेंट की जाएँगी।'

बहरूपिया के वेष में छिपे राजगुरु ने मन-ही-मन कहा कि इस बार तो बुरे फँसे, लेकिन अब स्वांग दिखाए बिना चारा भी क्या था?

तेनालीराम ने एक कुंड बनवाया। उसमें बहुत-सी लकड़ियाँ जलवा दी गईं।

वैद्य भी बुलवा लिए गए कि शायद तुरंत उपचार की आवश्यकता पड़े।

बहरूपिया सती का वेष बनाकर पहुँचा। उसका पहनावा इतना सुंदर था कि कोई कह नहीं सकता था कि वह असली स्त्री नहीं है।

आखिर उसे जलते कुंड में बैठना ही पड़ा। कुछ पलों में ही लपटों से उसका सारा शरीर झुलसने लगा।

तेनालीराम से यह देखा न गया। उसे दया आ गई। उसने बहरूपिए को कुंड से बाहर निकलवाया। राजगुरु ने एकदम अपना असली रूप प्रकट कर दिया और तेनालीराम से क्षमा माँगने लगा।

तेनालीराम ने हँसते हुए उसे क्षमा कर दिया और उपचार के लिए वैद्यों को सौंप दिया।

कुछ ही दिनों में राजगुरु स्वस्थ हो गया। उसने तेनालीराम से कहा, 'आज के बाद मैं कभी तुम्हारे लिए मन में शत्रुता नहीं लाऊँगा। तुम्हारी उदारता ने मुझे जीत लिया है। आज से हम दोनों अच्छे मित्रों की तरह रहेंगे।'

तेनालीराम ने राजगुरु को गले लगा लिया। उसके बाद तेनालीराम और राजगुरु में कभी मनमुटाव नहीं हुआ।

पक्षियों की गिनती

राजा कृष्णदेव राय कभी-कभी तेनालीराम को छकाने के लिए बड़े अटपटे प्रश्न पूछ लिया करते थे।

एक दिन उन्होंने भरे दरबार में पूछ लिया, 'तेनालीराम क्या तुम बता सकते हो कि हमारे राज्य में कुल कितने पक्षी हैं?'

'अवश्य बता सकता हूँ, महाराज, लेकिन मुझसे भी अधिक विद्वान इस दरबार में बैठे हैं। उनके होते हुए मैं इस प्रश्न का उत्तर देने की धृष्टता कैसे कर सकता हूँ?' तेनालीराम बोला।

राजा ने दरबारियों की ओर देखा, लेकिन इस विचित्र प्रश्न का उत्तर भला कौन देता?

भला उड़नेवाले पक्षियों की गिनती कैसे की जा सकती है? सबने सिर झुका लिए।

इस सवाल का उत्तर किसी के पास नहीं था।

राजा ने कहा, 'तेनालीराम अब तो इस प्रश्न का उत्तर तुम्हीं दे सकते हो। देख ही रहे हो, यह और किसी के बूते की बात नहीं है।'

'महाराज, हमारे राज्य में उतने ही पक्षी हैं, जितने आपके सिर के बाल हैं।' तेनालीराम ने कहा।

'यह कैसी संख्या बताई तुमने? हम नहीं जानते कि हमारे सिर में कितने बाल हैं। पक्षियों की संख्या ठीक-ठीक बताओ।' राजा ने कहा।

'महाराज, राज्य में कुल पक्षियों की संख्या है, एक लाख, ग्यारह हजार, एक सौ ग्यारह, आप चाहें तो गिनवाकर देख लीजिए।' तेनालीराम बोला।

'और अगर गिनवाने पर पक्षियों की संख्या कम निकली तो?' महाराज ने पूछा।

'इसका एक ही कारण हो सकता है कि शेष पक्षी अपने संबंधियों से मिलने पास के दूसरे राज्यों में गए हों।' तेनालीराम ने गंभीरता से उत्तर दिया।

'और अगर पक्षियों की संख्या तुम्हारी बताई संख्या से अधिक हुई तो?' राजा ने प्रश्न किया।

'तो सीधी-सी बात है, बाहर से कुछ पक्षी अपने नातेदारों से मिलने

यहाँ आए हुए हैं।' तेनालीराम बोला।

राजा निरुत्तर हो गए।

उन्होंने शेष दरबारियों की ओर देखा, जो तेनालीराम की बुराई करने का कोई अवसर हाथ से नहीं जाने देते थे। मानो कह रहे हों, 'देखा, तेनालीराम के ऊँचे पद और सम्मान का यह रहस्य है। कौन है तुम लोगों में से ऐसा, जो इतना हाजिरजवाब हो और अपनी तुरतबुद्धि से सबको निरुत्तर कर देता हो?'

घोषणा

एक बार राजा कृष्णदेव राय से पुरोहित ने कहा, 'महाराज, हमें अपनी प्रजा के साथ, अपनी जनता के साथ सीधे जुड़ना चाहिए।'

पुरोहित की वाणी सुनकर सभी दरबारी चौंक पड़े। वे पुरोहित की बात कुछ समय न पाए।

तब पुरोहित ने अपनी बात को समझाते हुए उन्हें बताया, 'दरबार में जो भी चर्चा होती है, हर सप्ताह उस चर्चा की प्रमुख बातें जनता तक पहुँचाई जाएँ। प्रजा भी उन बातों को जाने।'

तभी मंत्री और सेनापति में खुसर-फुसर हुई।

मंत्री ने सुझाया, 'महाराज, विचार तो वास्तव में बहुत उत्तम है। तेनालीराम जैसे अकलमंद और चतुर व्यक्ति ही इस कार्य को सुचारू रूप से कर सकते हैं। साथ ही तेनालीराम पर दरबार की खास जिम्मेदारी भी नहीं है।'

राजा ने मंत्री की यह बात मान ली और तेनालीराम को यह काम सौंप दिया। यह तय किया गया–तेनालीराम जन-हित और प्रजा-हित की वे सारी बातें, जो राजदरबार में होंगी, लिखित रूप से दरोगा को देंगे।

दरोगा उन बातों को नगर के चौराहों पर मुनादी कराकर जनता और प्रजा को सूचनाएँ देगा।

तेनालीराम सारी बात समझ गया था। वह यह भी समझ गया था कि मंत्री ने इसमें उसे जबरदस्ती फँसाया है।

तेनालीराम ने भी एक योजना अपने मन में बनाई। सप्ताह के अंत

में उसने दरोगा को एक पर्चा थामा दिया—मुनादी करने के लिए।

दरोगा ने पर्चा मुनादी वाले को पकड़ाकर कहा, 'जाओ और मुनादी करा दो।'

मुनादी वाला सीधा चौराहे पर पहुँचा और ढोल पीट-पीटकर मुनादी करते हुए बोला, 'सुनो-सुनो ... नगर के सारे नागरिक सुनो। महाराज चाहते हैं कि दरबार में जनहित के लिए जो फैसले किए गए हैं, उन्हें सारे नगरवासी जानें। उन्होंने श्रीमान तेनालीराम को यह कठिन दायित्व सौंपा है। हम उन्हीं की आज्ञा से आपको यह समाचार सुना रहे हैं। ध्यान देकर सुनो।

महाराज चाहते हैं कि प्रजा और जनता के साथ पूरा इंसाफ हो। अपराधी को दंड मिले। इस मंगलवार को राजदरबार में इसी बात को लेकर काफी गंभीर चर्चा हुई। महाराज चाहते थे कि पुरानी न्याय-व्यवस्था की अच्छी और साफ-सुथरी बातें भी इस न्याय-प्रणाली में शामिल की जाएँ। इस मसले पर उन्होंने पुरोहित ज़ी से पौराणिक न्याय-व्यवस्था के बारे में जानना चाहा किंतु पुरोहित जी इस बारे में कुछ न बता सके, क्योंकि वह दरबार में बैठे ऊँघ रहे थे।

उन्हें इस दशा में देखकर राजा कृष्णदेव राय को गुस्सा आ गया। उन्होंने भरे दरबार में पुरोहित जी को फटकार लगाई।

गुरुवार को सीमाओं की सुरक्षा पर राजदरबार में चर्चा हुई किंतु सेनापति उपस्थित न होने के कारण सीमाओं की सुरक्षा की चर्चा आगे न हो सकी। राजा ने मंत्री को कड़े आदेश दिए हैं कि राजदरबार में सभी सभासद ठीक समय पर आएँ।'

यह कहकर मुनादी वाले ने ढोल बजा दिया।

इस प्रकार हर सप्ताह नगर में जगह-जगह मुनादी होने लगी। हर मुनादी में तेनालीराम की चर्चा हर जगह होती थी।

तेनालीराम की चर्चा की बात मंत्री, सेनापति और पुरोहित के कानों में भी पहुँची। वे तीनों बड़े चिंतित हो गए। कहने लगे, 'तेनालीराम ने सारी बाजी ही उलटकर रख दी। जनता समझ रही है कि वही दरबार में सबसे प्रमुख है। वह जानबूझकर हमें बदनाम कर रहा है।'

दूसरे ही दिन जब राजा दरबार में थे तो मंत्री ने कहा, 'महाराज, हमारा संविधान कहता है कि राजकाज की समस्त बातें गोपनीय होती हैं। उन बातों को जनता या प्रजा को बताना ठीक नहीं।'

तभी तेनालीराम बोल पड़े, 'बहुत अच्छा मंत्री जी, मगर आपको शायद उस दिन यह बात याद नहीं थी। आपको भी तभी याद आया, जब आपके नाम का ढोल पिटा।'

यह सुनकर सारे दरबारी हँस पड़े। बेचारे मंत्री जी की शक्ल देखने लायक थी। राजा कृष्णदेव राय भी सारी बात समझ गए थे।

वह मन-ही-मन तेनालीराम की सराहना कर रहे थे।

मनहूस कौन

रामैया नाम के एक आदमी के विषय में नगर-भर में यह प्रसिद्ध था कि जो कोई सुबह-सुबह उसकी सूरत देख लेता है, उसे दिन-भर खाने को नहीं मिलता है। इसलिए सुबह-सुबह कोई उसके सामने आना पसंद नहीं करता था।

किसी तरह यह बात राजा कृष्णदेव राय तक पहुँच गई। उन्होंने सोचा, 'इस बात की परीक्षा करनी चाहिए।'

उन्होंने रामैया को बुलवाकर रात को अपने साथ के कक्ष में सुला दिया और दूसरे दिन सुबह उठने पर सबसे पहले उसकी सूरत देखी।

दरबार के आवश्यक काम निबटाने के बाद राजा जब भोजन के लिए अपने भोजन-कक्ष में गए तो भोजन परोसा गया। अभी राजा ने पहला कौर ही उठाया था कि खाने में मक्खी दिखाई दी। देखते-ही-देखते उनका मन खराब होने लगा और वह भोजन छोड़कर उठ गए। दोबारा भोजन तैयार होते-होते इतना समय बीत गया कि राजा की भूख ही मिट गई।

राजा ने सोचा, 'अवश्य ही रामैया मनहूस है, तभी तो आज सारा दिन भोजन नसीब नहीं हुआ।'

क्रोध में आकर राजा ने आज्ञा दी कि इस मनहूस को फाँसी दे दी जाए।

राज्य के प्रहरी उसे फाँसी देने के लिए ले चले। रास्ते में उन्हें तेनालीराम मिला। उसने पूछा तो रामैया ने उसे सारी बात कह सुनाई।

तेनालीराम ने उसे धीरज बँधाया और उसके कान में कहा, 'तुम्हें

फाँसी देने से पहले ये तुम्हारी अंतिम इच्छा पूछेंगे। तुम कहना, 'मैं चाहता हूँ कि मैं जनता के सामने जाकर कहूँ कि मेरी सूरत देखकर तो खाना नहीं मिलता, पर जो सवेरे-सवेरे महाराज की सूरत देख लता है, उसी तो अपने प्राण गँवाने पड़ते हैं।'

यह समझाकर तेनालीराम चला गया।

फाँसी देने से पहले प्रहरियों ने रामैया से पूछा, 'तुम्हारी अंतिम इच्छा क्या है?'

रामैया ने वही कह दिया, जो तेनालीराम ने समझाया था।

प्रहरी उसकी अनोखी इच्छा सुनकर चकित रह गए।

उन्होंने रामैया की अंतिम इच्छा राजा को बताई।

सुनकर राजा सन्न रह गए। अगर रामैया ने लोगों के बीच यह बात कह दी तो अनर्थ हो जाएगा।

उन्होंने रामैया को बुलवाकर बहुत-सा पुरस्कार दिया और कहा, 'यह बात किसी से मत कहना।'

स्वप्न महल

एक बार राजा कृष्णदेव राय ने सपने में एक बहुत ही सुंदर महल देखा, जो अधर में लटक रहा था। उसके अंदर के कमरे रंग-बिरंगे पत्थर से बने थे। उसमें रोशनी के लिए दीपक या मशालों की जरूरत नहीं थी। बस जब मन में सोचा, अपने आप प्रकाश हो जाता था और जब चाहे अँधेरा।

उस महल में सुख और ऐश्वर्य के अनोखे सामान भी विद्यमान थे। धरती से महल में पहुँचने के लिए बस इच्छा करना ही आवश्यक था। आँखें बंद करो और महल के अंदर।

दूसरे दिन राजा ने अपने राज्य में घोषणा करवा दी कि जो भी ऐसा महल राजा को बनाकर देगा, उसे एक लाख स्वर्ण मुद्राओं का पुरस्कार दिया जाएगा।

सारे राज्य में राजा के सपने की चर्चा होने लगी। सभी सोचते कि राजा कृष्णदेव राय को न जाने क्या हो गया है। कभी सपने भी सच होते हैं? पर राजा से यह बात कौन कहे?

राजा ने अपने राज्य के सभी कारीगरों को बुलवाया। सबको उन्होंने अपना सपना सुना दिया।

कुशल और अनुभवी कारीगरों ने राजा को बार-बार समझाया कि महाराज, यह तो कल्पना की बातें हैं। इस तरह का महल नहीं बनाया जा सकता। लेकिन राजा के सिर पर तो वह सपना भूत की तरह सवार था। वह अपनी बात से टस-से-मस नहीं हुए।

कुछ धूर्तों ने इस बात का लाभ उठाया। उन्होंने राजा से इस तरह का महल बना देने का वादा करके काफी धन लूटा।

इधर सभी मंत्री बेहद परेशान थे। राजा को समझाना कोई आसान काम नहीं था। अगर उनके मुँह पर सीधे-सीधे कहा जाता कि वह बेकार के सपने में उलझे हैं तो महाराज के क्रोधित हो जाने का भय था।

मंत्रियों ने आपस में सलाह की। बहुत सोच-विचार के बाद यह फैसला किया गया कि इस समस्या को तेनालीराम के अतिरिक्त और कोई नहीं सुलझा सकता।

राजा को उनके सपने के भूत से मुक्ति दिलाने का काम तेनालीराम को सौंपा गया। तेनालीराम कुछ दिनों की छुट्टी लेकर नगर से बाहर कहीं चला गया।

एक दिन एक बूढ़ा व्यक्ति राजा कृष्णदेव राय के दरबार में रोता-चिल्लाता हुआ पहुँचा। राजा ने उसे सांत्वना देते हुए कहा, 'तुम्हें क्या कष्ट है? चिंता की कोई बात नहीं। अब तुम राजा कृष्णदेव राय के दरबार में हो। तुम्हारे साथ पूरा न्याय किया जाएगा।'

'मैं लुट गया, महाराज। आपने मेरे सारे जीवन की कमाई हड़प ली। मेरे छोटे-छोटे बच्चे हैं, महाराज। आप ही बताइए, मैं कैसे उनका पेट भरूँ?' वह व्यक्ति आँसू बहाता हुआ बोला।

'क्या? क्या हमारे किसी कर्मचारी ने तुम पर अत्याचार किया है? हमें उसका नाम बताओ। हमारे नाम पर हमारी प्रजा पर जुल्म ढाने वालों की हम खाल खिंचवा देंगे।' राजा ने क्रोध से कहा।

'नहीं, महाराज, मैं झूठे ही किसी कर्मचारी को क्यों बदनाम करूँ?' बूढ़ा बोला।

'तो फिर साफ क्यों नहीं कहते, यह सब क्या गोलमाल है? जल्दी बताओ, तुम चाहते क्या हो?'

'महाराज, अभयदान पाऊँ तो कहूँ।'

'हम तुम्हें अभयदान देते हैं।' राजा ने विश्वास दिलाया।

'महाराज, कल रात मैंने सपने में देखा कि आप स्वयं अपने कई मंत्रियों और कर्मचारियों के साथ मेरे घर पर पधारे और मेरा संदूक उठवाकर आपने अपने खजाने में रखवा दिया। उस संदूक में मेरे सारे जीवन की कमाई थी। पाँच हजार स्वर्ण मुद्राएँ।' उस बूढ़े व्यक्ति ने सिर झुकाकर कहा।

'विचित्र मूर्ख हो तुम! कहीं सपने भी सच हुआ करते हैं?' राजा ने क्रोधित होते हुए कहा।

'ठीक कहा आपने, महाराज। सपने सच नहीं हुआ करते। सपना चाहे अधर में लटके अनोखे महल का ही क्यों न हो और चाहे उसे महाराज ने ही क्यों न देखा हो, सच नहीं हो सकता।'

राजा कृष्णदेव राय हैरान होकर उस बूढ़े की ओर देख रहे थे। देखते-ही-देखते उस बूढ़े ने अपनी नकली दाढ़ी, मूँछ और पगड़ी उतार दी। राजा के सामने बूढ़े के स्थान पर तेनालीराम खड़ा था।

इससे पहले कि राजा क्रोध में कुछ कहते, तेनालीराम ने कहा, 'महाराज, आप मुझे अभयदान दे चुके हैं।'

महाराज हँस पड़े। उसके बाद उन्होंने अपने सपने के महल के बारे में कभी बात नहीं की।

चोर

राजा कृष्णदेव राय के दरबार में विजयनगर के सेठ ने दुहाई दी, 'महाराज, मैं लुट गया। मैं बरबाद हो गया। रात को चोर मेरी तिजोरी का ताला तोड़कर सारा धन ले गए।'

राजा कृष्णदेव राय ने पूछताछ की। कोतवाल ने बताया, 'हम कोशिश कर रहे हैं लेकिन अभी तक चोरों का पता नहीं चल सका है।'

'जैसे भी हो, चोर जल्दी-से-जल्दी पकड़े जाने चाहिएँ।' राजा ने कोतवाल को आदेश देते हुए कहा।

उसी रात चोरों ने एक और धनवान व्यक्ति के यहाँ चोरी की।

इस बार भी चोर नहीं पकड़े गए।

अब तो यह हाल हो गया कि आए दिन कोई-न-कोई चोरी होती ही रहती। चोरों की हिम्मत बढ़ती जा रही थी।

राजा कृष्णदेव राय परेशान हो उठे।

उन्होंने अपने दरबारियों को लताड़ते हुए कहा, 'क्या आपमें से कोई भी ऐसा नहीं है, जो चोरों को पकड़वाने की जिम्मेदारी ले सके?'

तभी तेनालीराम उठ खड़ा हुआ। बोला, 'महाराज, आप निश्चिंत रहिए। चोरों को मैं पकड़वाऊँगा। आपकी आज्ञा का पालन मैं करूँगा।'

और उसी दिन तेनालीराम शहर के एक प्रमुख जौहरी के यहाँ गया। उससे कुछ बातें कीं, फिर घर आ गया।

अगले दिन उसी जौहरी ने अपने बहुमूल्य आभूषणों एवं रत्नों की एक प्रदर्शनी लगाई। रत्न इतने सुंदर और मूल्यवान् थे कि सारा शहर उन रत्नों की प्रदर्शनी देखने आया। रात में जौहरी ने सारे रत्न एक तिजोरी में बंद करके ताला लगा दिया।

आधी रात को चोर आ धमके। ताला तोड़कर उन्होंने तिजोरी खोली और सारे रत्न थैली में भर लिए। फिर बाहर निकल आए।

जैसे ही चोर बाहर आए जौहरी को पता चल गया, उसने शोर मचा दिया। मुहल्ले के लोग भी जाग गए।

तेनालीराम भी सिपाहियों के साथ वहाँ पहुँच गया और बोला, 'जिनके हाथ और कपड़े रंगे हुए हैं, वे लोग ही चोर हैं... पकड़ लो... भागने न पाएँ।'

चोर आनन-फानन में पकड़े गए। अगले दिन चोरों को दरबार में पेश किया गया। राजा कृष्णदेव राय ने चोरों के कपड़ों पर रंग लगा देखा तो पूछा, 'यह क्या तेनालीराम?'

'महाराज, चोरों को पकड़ने के लिए तिजोरी पर ताजा रंग लगाया गया था। इसी कारण तो ये चोर पकड़े गए।'

'लेकिन तुम सिपाहियों को भी तो वहाँ तैनात कर सकते थे?' राजा बोले।

'महाराज, हो सकता था, चोर अधिकारियों से मिले होते। यदि ऐसा होता तो उन्हें पहले ही भनक लग जाती। फिर रंगे हाथ कैसे पकड़ में आते?' तेनालीराम मुस्कुराया।

राजा कृष्णदेव राय ने तेनालीराम की भरपूर प्रशंसा की।

जाड़े की मिठाई

एक बार राजमहल में राजा कृष्णदेव राय के साथ तेनालीराम और राजपुरोहित बैठे थे। जाड़ों के दिन थे। सुबह की धूप सेंकते हुए तीनों बातचीत में व्यस्त थे। तभी अचानक राजा ने कहा, 'जाड़े का मौसम सबसे अच्छा मौसम होता है। खूब खाओ और सेहत बनाओ।'

खाने की बात सुनकर पुरोहित के मुँह में पानी आ गया। बोला, 'महाराज, जाड़ों में तो मेवा और मिठाई खाने का अपना ही मजा है–अपना ही आनंद है।'

'अच्छा बताओ, जाड़े की सबसे अच्छी मिठाई कौनसी है?' राजा कृष्णदेव राय ने पूछा।

पुरोहित ने हलुआ, मालपुए, पिस्ते की बर्फी आदि कई मिठाइयाँ गिना दीं।

राजा कृष्णदेव राय ने सभी मिठाइयाँ मँगवाईं और पुरोहित से कहा, 'जरा खाकर बताइए, इनमें सबसे अच्छी कौनसी है?'

पुरोहित को सभी मिठाइयाँ अच्छी लगती थीं। किस मिठाई को सबसे अच्छी बताता। एक मिठाई सबसे अच्छी है, मगर वह यहाँ नहीं मिलेगी।'

'तब कहाँ मिलेगी?' राजा कृष्णदेव राय ने उत्सुकता से पूछा, 'और उस मिठाई का नाम क्या है?'

'नाम पूछकर क्या करेंगे महाराज? आप आज रात को मेरे साथ चलें, तो मैं वह मिठाई आपको खिलवा भी दूँगा।'

राजा कृष्णदेव राय मान गए। रात को साधारण वेश में वह पुरोहित और तेनालीराम के साथ चल पड़े।

चलते-चलते तीनों काफी दूर निकल गए। एक जगह दो-तीन आदमी अलाव के सामने बैठे बातों में खोए हुए थे। ये तीनों भी वहाँ रुक गए। इस वेश में लोग राजा को पहचान भी न पाए।

पास ही कोल्हू चल रहा था। तेनालीराम उधर गए और कुछ पैसे देकर गरम-गरम गुड़ ले लिया। गुड़ लेकर वह पुरोहित और राजा के पास आ गए। अँधेरे में राजा और पुरोहित को थोड़ा-थोड़ा गरम-गरम गुड़ देकर बोले, 'लीजिए, खाइए, जाड़े की असली मिठाई।'

राजा ने गरम-गरम गुड़ खाया तो बड़ा स्वादिष्ट लगा। बोले, 'वाह, इतनी बढ़िया मिठाई, यहाँ अँधेरे में कहाँ से आई?'

तभी तेनालीराम को एक कोने में पड़ी पत्तियाँ दिखाई दीं। वह अपनी जगह से उठा और कुछ पत्तियाँ इकट्ठी कर आग लगा दी। फिर बोला, 'महाराज, यह गुड़ है।'

'गुड़... और इतना स्वादिष्ट!'

'महाराज, जाड़ों में असली स्वाद गरम चीज में रहता है। यह गुड़ गरम है, इसलिए स्वादिष्ट है।'

यह सुनकर राजा कृष्णदेव राय मुस्कुरा दिए। पुरोहित अब भी चुप था।

हीरों का चोर

एक बार विजयनगर में सूखा पड़ा। नगर के अंदर और आसपास के सभी बाग सूख गए। उन्हें पानी की सख्त जरूरत थी।

तेनालीराम का घर तुंगभद्रा नदी के किनारे पर था। उसका बाग भी बिलकुल सूख चला था। बाग के बीचोंबीच एक कुआँ था। उसमें पानी था, लेकिन इतना नीचे कि उससे सिंचाई करने में बहुत खर्च हो जाता। सच बात तो यह थी कि यह खर्च बाग में होनेवाली फलों आदि के मूल्य से कहीं ज्यादा पड़ जाता।

तेनालीराम एक दिन शाम को कुएँ के पास बैठा सोच रहा था कि सिंचाई के लिए मजदूर लगवाए या नहीं। उसका बेटा उसके पास बैठा था। तभी उसने देखा कि तीन व्यक्ति बड़े ध्यान से उसके मकान की ओर देख रहे हैं। उसने सोचा कि अवश्य ये लोग चोर हैं, जो चोरी करने से पहले मकान के सारे रास्ते आदि देखने की कोशिश में हैं।

तेनालीराम ने ऊँचे स्वर में अपने पुत्र से कहा, 'बेटा, सूखे के दिन हैं चोर डाकू बहुत घूम रहे हैं। अब रत्नों का वह कीमती संदूक मकान में रखना ठीक नहीं है। चलो, उस संदूक को उठाकर इस कुएँ में डाल दें ताकि उसे कोई चुरा न सके। किसे पता चलेगा कि रत्नों का संदूक कुएँ में है?'

यह कहकर वह अपने बेटे के साथ मकान के अंदर चला गया और

हँसकर बोला, 'आज इन चोरों को कुछ ठीक ढंग से मेहनत करने का अवसर मिलेगा।'

बाप बेटे ने मिलकर संदूक में बहुत सारे पत्थर भरे। फिर उसे उठाकर कुएँ में फेंक दिया। संदूक के कुएँ के तल पर लगने से काफी जोर की आवाज हुई।

तेनालीराम ऊँचे स्वर में अपने पुत्र से बोला, 'अब हमारे हीरे सुरक्षित हैं।'

चोर मन-ही-मन मुस्कराए। जैसे ही तेनालीराम और उसका पुत्र मकान में गए, दोनों पीछे के दरवाजे से बाग में पहुँचे और कुएँ से निकले पानी को बगीचे की नालियों में बहाने लगे। रात-भर की मेहनत से बाग के लगभग हर पेड़ को पानी मिल गया।

जब कुएँ में से इतना पानी निकल गया कि संदूक उठाकर बाहर निकाला जा सके, तब तक सुबह के पाँच बज चुके थे। संदूक खोलकर जब चोरों ने देखा कि उसमें हीरे नहीं बल्कि पत्थर हैं, तो सिर पर पाँव रखकर भागे कि मूर्ख तो बन ही गए, अब कहीं पकड़े न जाएँ।

जब तेनालीराम ने यह बात राजा को बताई तो वह बहुत हँसे और बोले, 'कभी-कभी ऐसा भी होता है कि मेहनत तो बेचारा कोई करता है और लाभ किसी और को पहुँचता है।'

सबसे बड़ा बच्चा

दीवाली निकट आ रही थी। राजा कृष्णदेव राय ने राज दरबार में कहा, 'क्यों न इस बार दीवाली कुछ अलग ढंग से मनाई जाए? ऐसा आयोजन किया जाए कि उसमें बच्चे-बड़े सभी मिलकर भाग लें।'

'विचार तो बहुत उत्तम है महाराज।' मंत्री ने प्रसन्न होकर कहा।

सबने अपने-अपने सुझाव दिए।

पुरोहित जी ने एक विशाल यज्ञ के आयोजन का सुझाव दिया तो मंत्री जी ने दूर देश से जादूगरों को बुलाने की बात कही।

और भी दरबारियों ने अपने-अपने सुझाव दिए।

लेकिन कृष्णदेव राय को किसी का सुझाव नहीं जँचा, उन्होंने

सुझाव हेतु तेनालीराम की ओर देखा।

तेनालीराम मुस्कुराया। फिर बोला, 'क्षमा करें महाराज, दीपावली तो दीपों का पर्व है। यदि अलग ढंग का ही आयोजन चाहते हैं तो ऐसा करें, रात में तो हर वर्ष दीए जलाए ही जाते हैं, इस बार दिन में भी जलाएँ।'

यह सुनकर सारे दरबारी ठठाकर हँस पड़े।

मंत्री व्यंग्य करते हुए बोला, 'शायद बुढ़ापे की वजह से तेनालीराम को कम दिखाई देने लगा है, इसलिए इन्हें दिन में भी दीये चाहिए।'

राजा कृष्णदेव राय भी तेनालीराम के इस सुझाव पर खीझे हुए थे। बोले, 'तेनालीराम, हमारी समझ में तुम्हारी बात नहीं आई।'

'महाराज मैं मिट्टी के दीये नहीं जीते-जागते दीपों की बात कर रहा हूँ। और वे हैं हमारे नन्हे-मुन्ने बच्चे, जिनकी हँसी दीपों की लौ से भी ज्यादा उज्ज्वल है।' तेनालीराम ने कहा।

'तुम्हारी बात तो बहुत अच्छी है। लेकिन कार्यक्रम क्या हो?' राजा ने पूछा।

'महाराज, इस बार दीवाली पर बच्चों के लिए एक मेले का आयोजन हो। बच्चे दिन भर उछलें-कूदें, हँसें-खिलखिलाएँ, प्रतियोगिताओं में भाग लें। इस मेले का इंतजाम करने वाले भी बच्चे ही हों। बड़े भी उस मेले में जाएँ लेकिन बच्चों के रूप में। वे कहीं भी किसी भी बात में दखल न दें। जो बच्चा सर्वप्रथम आएगा, उसे राज्य का सबसे बड़ा बच्चा पुरस्कार दे।' तेनालीराम ने अपनी बात पूरी की।

'लेकिन राज्य का सबसे बड़ा बच्चा कौन है?' राजा ने पूछा।

'वह तो आप ही हैं महाराज। आपसे बढ़कर बच्चों जैसा, निर्मल स्वभाव और किसका होगा?' तेनालीराम मुस्कराया।

यह सुनकर राजा कृष्णदेव राय की हँसी छूट गई। दरबारी भी मंद-मंद मुस्कराने लगे।

दीवाली का दिन आया। बच्चों के मेले की बड़ी धूम रही। राजा कृष्णदेव राय बहुत खुश थे। बोले, 'कमाल कर दिया बच्चों ने। सचमुच, इन नन्हे-मुन्ने दीपों का प्रकाश तो अद्‌भुत है, अनोखा है, सबसे प्यारा है।'

साँप भी मर गया लाठी भी नहीं टूटी

राजा कृष्णदेव राय का दरबारी गुणसुंदर तेनालीराम से बहुत नाराज था। हँसी-हँसी में तेनालीराम ने कुछ ऐसी बात कह दी थी, जो उसे बुरी लग गई थी। मन-ही-मन वह तेनालीराम से बदला लेने की योजनाएँ बनाया करता था।

राजगुरु से तो तेनालीराम की कभी पटती ही नहीं थी। गुणसुंदर और राजगुरु में दोस्ती हो गई। दोस्ती का कारण एक ही था कि उन दोनों का एक ही दुश्मन था तेनालीराम।

गुणसुंदर को यह बात बहुत बुरी लगती थी कि राजा भी हर समय तेनालीराम की प्रशंसा किया करते थे। वह राजा को भी भला-बुरा कहा करता। तेनालीराम को इस बात का पता था।

एक बार गुणसुंदर और राजगुरु दोनों ने मिलकर राजा से तेनालीराम की बहुत बुराई की और कहा, 'महाराज, तेनालीराम पीठ पीछे आपकी बुराई करने से नहीं चूकता।'

महाराज को विश्वास तो नहीं हुआ लेकिन फिर भी उन्होंने तेनालीराम से पूछा, 'क्या तुम सचमुच मेरे लिए गलत शब्द कहा करते हो?'

तेनालीराम सारी बात समझ गया। उसने कहा, 'महाराज, इस सवाल का उत्तर मैं आपको आज रात दूँगा, पर आपको मेरे साथ चलना होगा।'

अँधेरा होने पर तेनालीराम राजा को लेकर राजगुरु के घर के पिछवाड़े पहुँचा और दोनों खिड़की के पास खड़े हो गए। अंदर राजगुरु और गुणसुंदर बातें कर रहे थे।

'हमारे महाराज भी बस कान के कच्चे हैं। अब तक तेनालीराम जो कहता रहा, उसे ही वह सच मानते रहे और आज हम दोनों की बातें सच मान लीं।' कहकर गुणसुंदर हँस पड़ा।

उसने राजा को लेकर और भी कुछ उलटी-सीधी बातें कहीं। राजगुरु कुछ नहीं बोला, लेकिन अपने दोस्त की बात को काटा भी नहीं।

राजा कृष्णदेव राय ने अपने कानों से सब कुछ सुना।

तेनालीराम बोला, 'महाराज, अब तो आपको अपने सवाल का जवाब मिल गया?'

'हाँ, तेनालीराम, पर राजगुरु के लिए हमारे मन में अब भी सम्मान

है। लगता है तुमसे ईर्ष्या के कारण राजगुरु भटक गए हैं और गलत आदमी की दोस्ती में फँस गए हैं। जैसे भी हो, इस दुष्ट गुणसुंदर के जाल से राजगुरु को निकालना तुम्हारा काम है।' राजा बोले।

'आप चिंता मत कीजिए। यह कोई मुश्किल काम नहीं है। बस, कुछ दिनों तक इंतजार करना पड़ेगा।' तेनालीराम ने कहा।

कुछ दिन बाद तेनालीराम ने एक दावत दी। उसमें कृष्णदेव राय भी पधारे। सभी दरबारी भी थे। राजगुरु भी, गुणसुंदर भी। तेनालीराम ने राजगुरु की विशेष आवभगत की। बड़ी देर तक गपशप चलती रही।

एकाएक तेनालीराम ने अपना मुँह गुणसुंदर के कान के पास ले जाकर कुछ कहा। उस समय तेनालीराम की निगाह राजगुरु पर टिकी थी। तेनालीराम ने क्या कहा, यह गुणसुंदर की कुछ समझ में नहीं आया, क्योंकि असल में तेनालीराम ने यों ही उसके कान में कुछ ऊटपटाँग शब्द कह डाले थे।

फिर जोर से तेनालीराम ने कहा, 'मैंने तुमसे जो कुछ कहा है, किसी को बताना नहीं।' गुणसुंदर भौचक्का-सा तेनालीराम की ओर देख रहा था।

इधर राजगुरु के मन में खटका हुआ। तेनालीराम जब गुणसुंदर के कान में कुछ कह रहा था, तो उसकी निगाह राजगुरु पर ही थी। उसने सोचा, 'अवश्य कोई बात मेरे विषय में कही गई है।'

राजगुरु ने गुणसुंदर से पूछा, 'क्या कह रहा था तेनालीराम?'

'कुछ नहीं। मेरे कान में कुछ बोला तो सही वह, पर मुझे कुछ समझ में में नहीं आया बस, यों ही कुछ कह गया बेकार से शब्द।' गुणसुंदर ने कहा।

राजगुरु ने सोचा– गुणसुंदर मुझसे असली बात छिपा रहा है। दोस्त होकर भी अगर यह ऐसा करता है, तो ऐसी दोस्ती किस काम की? अवश्य तेनालीराम और यह दोनों मिलकर मेरा मजाक उड़ाते होंगे। मैं तो समझता था कि गुणसुंदर मेरा सच्चा दोस्त है।

उसके बाद राजगुरु ने गुणसुंदर से बात करना और मिलना-जुलना बंद कर दिया। दोनों की दोस्ती कुछ ही दिनों में बीती हुई कहानी बनकर रह गई।

राजा ने तेनालीराम से कहा, 'सचमुच, मुश्किलों को सुलझाने में तुम्हारा कोई जोड़ नहीं। ऐसा काम किया है तुमने कि साँप भी मर गया और लाठी भी नहीं टूटी।'

पाप का प्रायश्चित

तेनालीराम ने जिस कुत्ते की दुम सीधी कर दी थी, वह बेचारा कमजोरी की वजह से एक दो दिन में मर गया। उसके एकदम बाद अचानक तेनालीराम को जोरों का बुखार आ गया।

पंडित तो ऐसे अवसरों की तलाश में रहते ही थे। एक ने घोषणा कर दी कि तेनालीराम को अपने पाप का प्रायश्चित करना चाहिए वरना इस रोग से उसे छुटकारा नहीं मिल सकेगा।

तेनालीराम ने पूछा, 'कितना खर्च आएगा यह सब करने में?'

'एक सौ स्वर्ण मुद्राएँ।' पंडित जी बोले।

'पर इतनी स्वर्ण मुद्राएँ मैं लाऊँगा कहाँ से?' तेनालीराम बोला।

'तुम्हारे पास घोड़ा है, उसे बेचने से जो रकम मिले, वह मुझे दे देना।' पंडितजी ने कहा।

तेनालीराम ने स्वीकार कर लिया कि घोड़ा बेचने से जो पैसे मिलेंगे वह उन पैसों को पंडितजी को दे देगा।

पंडितजी ने पूजापाठ करके तेनालीराम के स्वस्थ होने की प्रार्थना की। कुछ दिनों में तेनालीराम बिल्कुल ठीक हो गया।

वह जानता था कि वह प्रार्थना के प्रभाव से नहीं, दवाओं के असर से ठीक हुआ है।

तेनालीराम पंडितजी को साथ लेकर बाजार गया। उसके एक हाथ में घोड़े की लगाम थी और दूसरे में एक टोकरी।

उसने बाजार में घोड़े का दाम एक आना बताया और कहा, 'जो भी इस घोड़े को खरीदना चाहता है, उसे यह टोकरी भी लेना पड़ेगी, जिसका मूल्य है एक सौ स्वर्ण मुद्राएँ।'

इस मूल्य पर वे दोनों चीजें एक व्यक्ति ने झट से खरीद लीं। तेनालीराम ने पंडितजी की हथेली पर एक आना रख दिया, जो घोड़े की कीमत के रूप में उसे मिला था। एक सौ स्वर्ण मुद्राएँ उसने जेब में डाल लीं और चलता बना।

पंडितजी कभी अपनी हथेली पर पड़े सिक्के को देखते और कभी जाते हुए तेनालीराम को।

सीमा की चौकसी

विजयनगर में पिछले कई दिनों से तोड़-फोड़ की घटनाएँ बढ़ती जा रही थीं। राजा कृष्णदेव राय इन घटनाओं से काफी चिंतित हो उठे। उन्होंने मंत्रिपरिषद् की बैठक बुलाई और इन घटनाओं को रोकने का उपाय पूछा।

'पड़ोसी दुश्मन देश के गुप्तचर ही यह काम कर रहे हैं। हमें उनसे नर्मी से नहीं, सख्ती से निबटना चाहिए।' सेनापति का सुझाव था।

'सीमा पर सैनिक बढ़ा दिए जाने चाहिए ताकि सीमा की सुरक्षा ठीक प्रकार से हो सके।' मंत्री जी ने सुझाया।

राजा कृष्णदेव राय ने अब तेनालीराम की ओर देखा।

'मेरे विचार में तो सबसे अच्छा यही होगा कि पूरी सीमा पर एक मजबूत दीवार बना दी जाए और वहाँ हर समय सेना के सिपाही गश्त करें।' तेनालीराम ने अपना सुझाव दिया।

मंत्री जी के विरोध के बावजूद राजा कृष्णदेव राय ने तेनालीराम का यह सुझाव सहर्ष मान लिया। सीमा पर दीवार बनवाने का काम भी उन्होंने तेनालीराम को ही सौंप दिया और कह दिया कि छः महीने के अंदर पूरी दीवार बन जानी चाहिए।

इसी तरह दो महीने बीत गए लेकिन दीवार का काम कुछ आगे नहीं बढ़ सका।

राजा कृष्णदेव राय के पास भी यह खबर पहुँची। उन्होंने तेनालीराम को बुलवाया और पूछताछ की। मंत्री भी वहाँ उपस्थित था।

'तेनालीराम, यह दीवार का काम आगे क्यों नहीं बढ़ा?'

'क्षमा करें महाराज, बीच में एक पहाड़ आ गया है, पहले उसे हटवा रहा हूँ।'

'पहाड़! पहाड़ तो हमारी सीमा पर है ही नहीं।' राजा बोले।

तभी बीच में मंत्री जी बोल उठे, 'महाराज, तेनालीराम पगला गया है।'

तेनालीराम मंत्री का व्यंग्य सुनकर चुप ही रहे। उन्होंने मुस्कुराकर ताली बजाई। ताजी बजाते ही सैनिकों से घिरे बीस व्यक्ति राजा के सामने लाए गए।

'ये लोग कौन हैं?' राजा कृष्णदेव राय ने तेनालीराम से पूछा।

'पहाड़!' तेनालीराम बोला, 'ये दुश्मन देश के घुसपैठिए हैं महाराज। दिन में जितनी दीवार बनती थी, रात में ये लोग उसे तोड़ डालते थे। बड़ी मुश्किल से ये लोग पकड़ में आए हैं। काफी मात्रा में इनसे हथियार भी मिले हैं। पिछले एक महीने में इनमें से आधे पाँच-पाँच बार पकड़े भी गए थे, मगर....।'

'इन्हें दंड क्यों नहीं दिया गया?' इसका कारण मंत्री जी बताएँगे क्योंकि इन्हीं की सिफारिश पर इन लोगों को हर बार छोड़ा गया था।' तेनालीराम ने कहा।

यह सुनकर मंत्री के चेहरे पर हवाइयाँ उड़ने लगीं।

राजा कृष्णदेव राय सारी बात समझ गए। उन्होंने सीमा की चौकसी का सारा काम मंत्री से ले लिया और तेनालीराम को सौंप दिया।

राजा-रानी का झगड़ा

राजा कृष्णदेव राय के मन में तेनालीराम के लिए बहुत स्नेह और सम्मान था। यह बात दरबार के दूसरे लोगों को बहुत खलती थी, क्योंकि तेनालीराम के कारण दरबार में किसी की एक न चल पाती थी।

राजगुरु, जिसे तेनालीराम कई बार छका चुका था, सदा इस ताक में रहता था कि किसी तरह तेनालीराम से अपने अपमान का बदला ले। आखिर राजगुरु को एक उपाय सूझ ही गया।

उसने महारानी के निकम्मे और मूर्ख भाई को भड़काया कि तेनालीराम बेकार ही राजा की निगाह में इतना चढ़ा हुआ है। न उसमें योग्यता है, न कोई और गुण। तेनालीराम के पद पर तो आपको होना चाहिए।

रानी का भाई मूर्ख तो था ही। वह राजगुरु की बातों में आ गया और सीधा अपनी बहन के पास जा पहुँचा।

रानी ने उसे बहुत समझाया कि तेनालीराम अपनी योग्यता के कारण ही इतने बड़े पद पर पहुँच गया है, लेकिन उस पर कोई असर न हुआ।

उसने कहा, 'जैसे भी हो, तेनालीराम को दरबार से निकलवाना ही पड़ेगा। इस काम के लिए महाराज को तुम्हारे सिवा कोई मजबूर नहीं कर सकता।'

रानी तेनालीराम का उसकी योग्यता के कारण सम्मान करती थी, लेकिन भाई तो भाई था, उसका कहा भी कैसे टाल सकती थी।

शाम को राजा जब महल में पधारे तो रानी ने उनसे तेनालीराम को निकाल देने की बात कही। राजा हैरान भी हुए, पर उन्होंने बात अनसुनी कर दी। जब रानी ने देखा कि राजा से अपनी बात मनवाना इतना आसान नहीं है, तो उसने दूसरे उपाय से काम लिया। वह राजा से रूठ गई।

आखिर राजा ने पूछा, 'तुम इतनी गुमसुम क्यों हो? क्या कोई बात हो गई है, जिससे तुम्हारा दिल दुख गया है?'

आँखों में आँसू लाकर रानी बोली, 'आप तो मेरे लिए इतना भी नहीं कर सकते कि तेनालीराम को निकालकर उसके पद पर मेरे योग्य भाई को नियुक्त कर दें।'

राजा रानी के भाई की मूर्खता से अच्छी तरह परिचित थे, लेकिन रानी को मनाना भी आवश्यक था।

कुछ देर सोचने के बाद उन्होंने रानी से कहा, 'इस तरह तेनालीराम को अगर निकाल दिया गया तो प्रजा में बड़ा असंतोष फैल जाएगा। उसने निकालने के लिए पहले यह सिद्ध करना होगा कि वह अपराधी है।'

रानी ने उपाय सुझाया, 'आप मुझे रुष्ट होने का नाटक करके यहाँ से चले जाइए और तेनालीराम से कहिए कि रानी को हमारे पास लेकर आओ। अगर ऐसा न कर सके तो पद से हटा दिए जाओगे। मैं चलूँगी नहीं और आपको तेनालीराम को पदमुक्त करने का बहाना मिल जाएगा।'

राजा ने रानी की बात मान ली।

दूसरे दिन राजा के रुष्ट होने का समाचार चारों ओर फैल गया। तेनालीराम जब राजा से मिलने गया तो उन्होंने वही बात उससे कही, जो रानी ने सुनाई थी।

तेनालीराम का माथा ठनका। उसे लगा कि अवश्य कोई गड़बड़ है। उसने अपने एक आदमी को कुछ समझाया और फिर रानी से मिलने महल में जा पहुँचा।

वहाँ वह अभी रानी का कुशल समाचार पूछ ही रहा था कि उसका सिखाया हुआ व्यक्ति वहाँ आ पहुँचा और तेनालीराम से बोला, 'आप बेकार ही यह झगड़ा मिटाने का प्रयत्न कर रहे हैं। राजा अपनी बात पर अड़े हुए हैं। उन्होंने निश्चय कर लिया है कि वह नई रानी लाकर ही रहेंगे। अपने

इस निश्चय पर वह अटल हैं।'

रानी ने सुना तो वह सचमुच डर गईं। कहीं राजा सच ही तो मुझसे रुष्ट नहीं हो गए। नहीं तो नई रानी की यह क्या खबर है? उसने तेनालीराम से पूछा तो उसने बताया, 'राजा आपसे बहुत रुष्ट हैं। उनका कहना है कि रोज-रोज की खट-पट से वह तंग आ चुके हैं। अपने राजकाज में उन्हें आपका दखल देना बिलकुल पसंद नहीं, इसीलिए नई रानी लाने की बात सोची जा रही है।'

रानी को तेनालीराम की बात पर विश्वास हो गया। वह जल्दी से तैयार होकर राजा के पास बाग में जा पहुँची।

उसने राजा से बार-बार क्षमा माँगी और कहा, 'राज्य के कामों में अब कभी दखल नहीं दूँगी।'

राजा हैरान थे। एकाएक बात उनकी समझ में आ गई। वह बोले, 'लगता है, तेनालीराम ने तुम्हें मूर्ख बना दिया है।'

'ऐसा मत कहिए। वह तो हम दोनों का झगड़ा मिटाने की कोशिश कर रहा था। बेचारे को व्यर्थ ही निकलवाना चाहती थी मैं। आप अब नई रानी तो नहीं लाएँगे ना?' रानी ने पूछा।

राजा हँसी से लोट-पोट हो गए। उन्होंने रानी को बताया कि तेनालीराम सचमुच अद्‌भुत प्राणी है। उसे हराना कोई आसान काम नहीं है। रानी को भी मालूम हो गया कि चाहे कुछ भी सही, तेनालीराम आखिर तेनालीराम है।

दिमाग की खुजली

दशहरे के दिन राजा कृष्णदेव राय के यहाँ विशेष दरबार लगा करता था, जिसमें विद्वानों और कलाकारों को सम्मानित किया जाता था और पुरस्कार दिए जाते थे। दशहरे के दिन दरबार में शास्त्रार्थ भी हुआ करते थे।

एक बार राजा और राजकुमारी मोहनांगी ने प्रसिद्ध विद्वान वल्लभाचार्य को अपने राज्य के विद्वानों से शास्त्रार्थ करने का निमंत्रण दिया।

राज्य के विद्वानों में राजगुरु का विशेष स्थान था, लेकिन राजगुरु को जब शास्त्रार्थ का समाचार मिला तो वह परेशान हो उठे। भला वल्लभाचार्य

जैसे विद्वान से राजगुरु का क्या मुकाबला?

राजगुरु ने अपना यह डर अपने मित्र रंगाचारी के सामने प्रकट किया।

वह बोला, 'मुझे लगता है कि यह राजकुमारी मोहनांगी की चाल है। उसने मुझे नीचा दिखाने के लिए वल्लभाचार्य को शास्त्रार्थ के लिए बुलवाया है। वह अच्छी तरह जानती है कि मैं और राज्य के दूसरे विद्वान वल्लभाचार्य से हार जाएँगे। उन्हें हराना मेरे बस की बात नहीं है। अब तो कोई बहाना बनाकर दरबार से गायब ही रहना पड़ेगा।'

रंगाचारी ने कहा, 'यह तुम मुझ पर छोड़ दो। मैं तुम्हारी अनुपस्थिति का कोई ऐसा कारण बताऊँगा, जिससे तुम्हारा सम्मान बढ़े।'

'लेकिन वह शैतान तेनालीराम जो है, वह कहीं सब गुड़ गोबर न कर दे।' राजगुरु ने कहा।

'मैं उस तेनालीराम की दुम को ऐसा सीधा करूँगा कि सारी जिंदगी याद करेगा।' रंगाचारी ने मूँछों पर ताव देते हुए कहा।

शास्त्रार्थ वाले दिन राजगुरु दरबार में नहीं आया।

रंगाचारी ने राजा से कहा, 'महाराज, दिमाग की खुजली होने के कारण राजगुरु आज दरबार में नहीं आ सके। यह रोग अधिक सोचने के कारण होता है।'

'दिमाग की खुजली? इस रोग का नाम तो मैंने आज पहली बार सुना है। मेरा तो विचार है कि इस तरह का कोई रोग नहीं हो सकता।' राजा ने कहा।

'क्यों नहीं हो सकता महाराज! मुझे भी अधिक पढ़ने के कारण आँखों में खुजली का रोग हो गया है।' तेनालीराम ने कहा।

'तुम और पढ़ाई? मैंने तो आज तक कभी तुम्हें पढ़ते नहीं देखा।' राजा ने कहा।

सब हँस पड़े।

'क्या महाराज ने राजगुरु को कभी सोचते हुए देखा है?' तेनालीराम ने कहा।

इस बार और भी जोर का ठहाका लगा।

'बड़ी विचित्र बात है!' राजा ने कहा, 'राजगुरु को दिमाग की खुजली का रोग हो गया, जबकि शंकराचार्य, रामानुजाचार्य और माधवाचार्य

जैसे विद्वानों को यह रोग कभी नहीं हुआ, हालाँकि उन्हें इससे कहीं अधिक विचार और चिंतन करना पड़ा था, सोचना पड़ता था। तेनालीराम जैसे न पढ़नेवाले को आँखों की खुजली का रोग हो गया, जबकि अधिक पढ़ने वाले दूसरे विद्वानों को यह कभी नहीं हुआ।'

'इसमें कोई विचित्र बात नहीं है।' तेनालीराम बोला, 'यह रोग किसी विशेष सीमा में सोचने या पढ़ने से नहीं होता। यह तो तब होता है, जब कोई मनुष्य अपनी योग्यता से अधिक सोचता या पढ़ता है।'

सारा दरबार हँसी से गूँज उठा।

'राजगुरु का इस तरह मजाक मत उड़ाओ। आखिर वह विद्वान व्यक्ति हैं।' रंगाचारी, जो अब तक चुप बैठा था, एकाएक बोला।

'कुछ लोग अपनी दृष्टि में अधिक विद्वान होते हैं, चाहे और लोग उन्हें ऐसा समझें या नहीं।' तेनालीराम बोला।

'वह बहुत जल्दी दूसरों के दोष पकड़ लेते हैं।' खीझते हुए रंगाचारी बोला।

'ठीक है, लेकिन बेचारे राजगुरु को अपने दोषों का बिलकुल ज्ञान नहीं है।' तेनालीराम ने उत्तर दिया।

'मैं उनका सम्मान करता हूँ।' रंगाचारी ने कहा।

'ठीक ही तो है, जैसे को तैसा मिले कर-कर लंबे हाथ।' तेनालीराम बोला।

'उनका हर जगह पर तुमसे पहले सम्मान होता है। इससे स्पष्ट होता है कि उनका दर्जा तुमसे कहीं ऊपर है।' रंगाचारी ने अंतिम तीर छोड़ा।

'यह भी खूब कहा आपने!' तेनालीराम ने कहा, 'हम अपना मुँह धोने से पहले हाथ-पाँव धोते हैं, क्या इससे हाथ-पाँवों का दर्जा मुँह से बड़ा हो जाता है?'

दरबार में इस बार जो हँसी गूँजी, तो बहुत देर तक गूँजती ही रही।

सतरंगी फूलदान

विजयनगर में वार्षिक उत्सव बड़ी धूमधाम से मनाया गया। पड़ोसी राज्यों से बहुमूल्य उपहार प्राप्त हुए। इन उपहारों में सबसे अनोखे और अद्भुत चार सतरंगी फूलदान थे। राजा ने वे चारों फूलदान अपने राजमहल में रखवा दिए और अपने सिपाहियों को कठोर आदेश दिया, 'इन फूलदानों की पूर्ण सुरक्षा की जाए। अगर किसी से कोई फूलदान टूटा तो उसे मृत्युदंड दिया जाएगा।'

दिन बीतते गए। फूलदानों की सुरक्षा अच्छी प्रकार से की जा रही थी कि एक दिन सरजू सेवक के हाथ से एक फूलदान टूट गया।

राजा कृष्णदेव राय को जब फूलदान टूटने की सूचना मिली तो वह आग-बबूला हो गए और आदेश दिया, 'सरजू को आज से आठवें दिन फाँसी पर चढ़ा दिया जाए।'

राज्य के सैनिकों ने सरजू को पकड़कर कैद में डाल दिया।

इसी बीच सरजू ने महाराज से विनती की कि उसने बीस साल तक राज्य की पूरी लगन और ईमानदारी से सेवा की है। फाँसी की सजा पाने से पहले मैं तेनालीराम से मिलना चाहता हूँ।

राजा ने सरजू की विनती स्वीकार कर ली। सरजू को तेनालीराम से मिलाया गया। सरजू ने तेनालीराम से मदद की प्रार्थना की। तेनालीराम ने उसके कान में कुछ कहा। फिर वापिस चला आया।

आज आठवाँ दिन था। सरजू को फाँसी पर चढ़ाया जाना था। फाँसी से पहले सरजू से उसकी अंतिम इच्छा पूछी गई तो सरजू ने कहा, 'मैं बाकी बचे तीनों सतरंगी फूलदानों को एक बार हाथ में लेकर देखना चाहता हूँ।'

सरजू को महल में ले जाया गया। राजा कृष्णदेव राय ने तीनों फूलदान जैसे ही सरजू के हाथ में दिए, उसने तीनों को एक साथ जमीन पर पटक दिया। फूलदान गिरते ही टूटकर टुकड़े-टुकड़े हो गए।

यह देखकर राजा कृष्णदेव राय क्रोध में भर उठे। बोले, 'ये कीमती फूलदान तोड़कर तुम्हें क्या मिला सरजू?'

'तीन बेकसूर लोगों का जीवन। इन फूलदानों के कारण कभी-न-कभी तीन और लोगों को मेरी तरह फाँसी पर चढ़ना पड़ता—ये फूलदान किसी की जान से ज्यादा कीमती तो नहीं हैं।'

सरजू की बात सुनकर राजा कृष्णदेव राय को झटका-सा लगा। उन्होंने सरजू की फाँसी की सजा स्थगित कर दी। अगले दिन सरजू को दरबार में बुलाया गया और पूछा गया, 'सच-सच बताओ सरजू, तुम्हें ऐसा करने की सलाह किसने दी?'

सरजू इस प्रश्न के उत्तर में कुछ बोला नहीं। वह एकटक तेनालीराम की ओर देखने लगा।

राजा कृष्णदेव राय सब कुछ समझ गए। वह तेनालीराम से बोले, 'तुमने आज एक बेकसूर आदमी की जान बचा ली तेनालीराम और साथ ही मुझे भी विवेक न खोने की सलाह दे दी। तुम धन्य हो तेनालीराम...।'

बुत बोल उठा

दशहरे का त्यौहार निकट था। राजा कृष्णदेव राय के दरबारियों ने भी जब दशहरा मनाने की बात उठाई तो राजा कृष्णदेव राय बोले, 'मेरी हार्दिक इच्छा है कि इस बार दशहरा खूब धूमधाम से मनाया जाए। मैं चाहता हूँ कि इस अवसर पर सभी दरबारी, मंत्रीगण, सेनापति और पुरोहित अपनी-अपनी झाँकियाँ सजाएँ। जिसकी झाँकी सबसे अच्छी होगी, हम उसे पुरस्कार देंगे।'

यह सुनकर सभी लोग दूसरे दिन से ही झाँकियाँ बनाने में जुट गए। सभी एक से एक बढ़कर झाँकी बनाने की होड़ में लगे थे। झाँकियाँ एक से बढ़कर एक थीं। राजा को सभी की झाँकियाँ नजर आईं मगर तेनालीराम की झाँकी उन्हें कहीं दिखाई नहीं दी। वह सोच में पड़ गए और फिर उन्होंने अपने दरबारियों से पूछा, 'तेनालीराम कहीं नजर नहीं आ रहा। उसकी झाँकी भी दिखाई नहीं दे रही। आखिर तेनालीराम है कहाँ?'

'महाराज, तेनालीराम को झाँकी बनानी आती ही कहाँ है? वह देखिए, उधर उस टीले पर काले रंग से रंगी एक झोंपड़ी और उसके आगे खड़ा है एक बदसूरत बुत। यही है उसकी झाँकी। तेनालीराम की झाँकी।' मंत्री ने व्यंग्यपूर्ण स्वर में कहा।

राजा उस ऊँचे टीले पर गए और तेनालीराम से पूछा, 'तेनालीराम, यह तुमने क्या बनाया है? क्या यही है तुम्हारी झाँकी?'

'जी महाराज, यही मेरी झाँकी है और मैंने यह क्या बनाया है इसका उत्तर मैं इसी से पूछकर बताता हूँ, कौन है यह?' कहते हुए तेनालीराम ने बुत से पूछा, 'बोलता क्यों नहीं? महाराज के सवाल का उत्तर दे।'

'मैं उस पापी रावण की छाया हूँ, जिसके मरने की खुशी में तुम दशहरे का त्यौहार मना रहे हो। मगर मैं मरा नहीं। एक बार मरा, फिर पैदा हो गया। आज जो आप अपने आसपास भुखमरी, गरीबी, अत्याचार, उत्पीड़न आदि देख रहे हैं न...ये सब मेरा ही किया-धरा है। अब मुझे मारनेवाला है ही कौन?' कहकर बुत ने एक जोरदार कहकहा लगाया।

राजा कृष्णदेव राय को उसकी बात सुनकर क्रोध आ गया। वे गुस्से में भरकर बोले, 'मैं अभी अपनी तलवार से इस बुत के टुकड़े-टुकड़े कर देता हूँ।'

'बुत के टुकड़े कर देने से क्या मैं मर जाऊँगा? क्या बुत के नष्ट हो जाने से प्रजा के दुख दूर हो जाएँगे?'

इतना कहकर बुत के अंदर से एक आदमी बाहर आया और बोला, 'महाराज, क्षमा करें। यह सच्चाई नहीं, झाँकी का नाटक था।'

'नहीं, यह नाटक नहीं था, सत्य था। यही सच्ची झाँकी है। मुझे मेरे कर्त्तव्य की याद दिलानेवाली यही झाँकी सबसे अच्छी है। प्रथम पुरस्कार तेनालीराम को दिया जाता है।' राजा कृष्णदेव राय ने कहा।

राजा की इस बात पर सभी दरबारी आश्चर्य से एक-दूसरे का मुँह ताकने लगे।

मखमल की जूती

एक दिन कृष्णदेव राय और तेनालीराम में इस बात को लेकर बहस छिड़ गई कि आमतौर पर लोग किसी भी बात पर जल्दी विश्वास कर लेते हैं या नहीं।

राजा का कहना था कि लोगों को आसानी से बेवकूफ नहीं बनाया जा सकता।

तेनालीराम का विचार था कि लोग किसी भी बात पर जल्दी विश्वास कर लेते हैं। हाँ, उन्हें विश्वास करवाने वाला व्यक्ति समझदार होना चाहिए।

राजा ने कहा, 'तुम किसी से भी जो चाहो, नहीं करवा सकते।'

'महाराज, क्षमा करें, लेकिन मैं असंभव से असंभव काम करवा सकता हूँ। और तो और, मैं किसी व्यक्ति से आप पर जूता फिंकवा सकता हूँ।'

'क्या?' राजा ने कहा, 'मेरी चुनौती है कि तुम ऐसा करके दिखाओ।'

'मुझे आपकी चुनौती स्वीकार है। हाँ, इसके लिए आपको मुझे समय देना होगा।' तेनालीराम बोला।

'तुम जितना समय चाहो ले सकते हो।' राजा ने कहा।

बात आई गई हो गई। राजा भी इस घटना को भूल गए।

एक मास बाद राजा कृष्णदेव राय ने कुर्ग प्रदेश के एक पहाड़ी सरदार की सुंदर बेटी से विवाह तय किया। पहाड़ी इलाके के सरदार को विजयनगर के राजाओं के रीति-रिवाजों का कोई ज्ञान नहीं था।

राजा ने तो उससे कहा था, 'मुझे केवल तुम्हारी बेटी विवाह में चाहिए। रीति-रिवाज तो हर प्रदेश के अलग-अलग होते हैं, उनके बारे में चिंतित होने की आवश्यकता नहीं।'

पर सरदार फिर भी चाहता था कि राजाओं के विवाह की सारी रस्में पूरी की जाएँ।

एक दिन चुपके से तेनालीराम उसके यहाँ उसे विवाह की रस्में समझाने पहुँच गए। सरदार को बेहद प्रसन्नता हुई। उसने तेनालीराम से वादा किया कि तेनालीराम की बताई बातें किसी से नहीं कहेगा।

तेनालीराम ने कहा, 'राजा कृष्णदेव राय के वंश में एक पुराना रिवाज है कि विवाह की शेष रस्में पूरी हो जाने पर दुल्हन अपने पाँव की मखमल की जूती उतारकर राजा पर फेंकती है। उसके बाद दूल्हा-दुल्हन को अपने घर ले जाता है। मैं चाहता था कि यह रस्म भी अवश्य पूरी की जानी चाहिए। इसलिए मैं गोवा के पुर्तगालियों से एक जोड़ी मखमली जूती ले भी आया हूँ। पुर्तगालियों ने भी मुझे बताया कि दूल्हा-दुल्हन पर जूते फेंकने का रिवाज यूरोप में भी है, हालाँकि वहाँ चमड़े के जूते फेंके जाते हैं। हमारे यहाँ तो चमड़े के जूतों की बात सोची भी नहीं जा सकती। हाँ, मखमल की और बात है।'

'कुछ भी हो, तेनालीराम जी, मखमल की ही सही, हैं तो जूती ही। पति पर जूता फेंकना क्या अनुचित नहीं होगा?' सरदार ने कहा।

'वैसे तो विजयनगर के विवाह में यह रस्म होती आई है, पर आप अगर इस रिवाज से झिझकते हैं, तो रहने दीजिए।'

सरदार एकदम बोला, 'नहीं, नहीं लाइए, यह जूती मुझे दीजिए। मैं अपनी बेटी के विवाह में किसी प्रकार की कोई कसर नहीं छोड़ना चाहता।'

विवाह की रस्में पूरी हो चुकी थीं। राजा खुशी-खुशी अपनी दुल्हन को घर ले जाने की तैयारी कर रहे थे। अचानक दुल्हन ने पाँव की मखमल की जूती उतारी और मुस्कुराते हुए राजा पर फेंकी। तेनालीराम राजा के पास ही था। उसने धीरे से राजा के कान में कहा, 'महाराज, इन्हें क्षमा कर दीजिए, यह सब मेरा किया-धरा है।'

राजा हँस पड़े और जूती उठाकर दुल्हन के हाथ में दे दी। उस बेचारी ने क्षमा माँगते हुए कहा, 'रस्म पूरी करने के लिए मुझे ऐसा करना पड़ा।'

अपने महल में पहुँचने पर राजा कृष्णदेव राय को तेनारीराम से सारी कहानी मालूम हो गई। वह बोले, 'तुम्हारा कहना ही ठीक था। लोग किसी भी बात पर जल्दी विश्वास कर लेते हैं।'

गुलाब का फूल

तेनालीराम की पत्नी को गुलाब के फूलों का बहुत शौक था। वह तेनालीराम से चोरी-चोरी अपने बेटे को राजा के बाग में भेजा करती। वह वहाँ से गुलाब का एक फूल तोड़ लाता, जिसे तेनालीराम की पत्नी अपने बालों में लगा लिया करती।

दरबार में तेनालीराम के कई शत्रु थे। उन्हें किसी तरह यह बात पता चल गई, लेकिन राजा से कहने का साहस उनमें नहीं था। वे जानते थे कि तेनालीराम अपनी सूझबूझ के बल पर अपने बेटे को बचा लेगा और उन्हें बेवकूफ बनना पड़ेगा। उन्होंने सोचा कि तेनालीराम के बेटे को रँगे हाथों पकड़ना चाहिए।

एक दिन उन्हें अपने जासूसों से पता चला कि तेनालीराम का बेटा फूल तोड़ने के लिए बगीचे में आया हुआ है। फिर क्या था, उन्होंने राजा से शिकायत की और कहा, 'महाराज, हम अभी उस चोर को आपके सामने

उपस्थित करेंगे।'

वे लोग बगीचे के मुख्य द्वार पर जाकर खड़े हो गए। बाग के दूसरे सभी द्वारों पर भी आदमी खड़े कर दिए गए।

उन्हें तेनालीराम के बेटे के पकड़े जाने का इतना यकीन था कि वे तेनालीराम को भी अपने साथ ले गए थे। उन्होंने बड़ा रस ले-लेकर तेनालीराम को बताया कि अभी उसका बेटा रँगे हाथों पकड़ा जाएगा और उसे राजा के सामने पेश किया जाएगा।

उनमें से एक बोला, 'कहो तेनालीराम, तुम्हें क्या कहना है?'

'मुझे क्या कहना है?' तेनालीराम ने चिल्लाते हुए कहा, 'मेरे बेटे के पास अपनी बात कहने के लिए जबान है। वह स्वयं ही जो कहना होगा, कह लेगा। मेरा अपना विचार तो यह है कि वह अवश्य मेरी पत्नी की दवा के लिए जड़ें लेने गया होगा, गुलाब का फूल लेने नहीं।'

तेनालीराम के बेटे ने बगीचे के अंदर ये शब्द सुन लिए, जिन्हें तेनालीराम ने उसे सुनाने के लिए ही ऊँची आवाज में कहा था। वह अपने पिता की बात का मतलब समझ गया। उसने झट से गुलाब का फूल मुँह में डाल लिया और उसे खा गया। फिर उसने बाग में से कुछ जड़ें इकट्ठी कीं और उन्हें अपनी झोली में डालकर बाग के द्वार तक पहुँचा।

तेनालीराम के शत्रु दरबारियों ने उसे एकदम पकड़ लिया और उसे राजा के पास ले गए।

'महाराज, इसने अपनी झोली में आपके बाग से चुराए हुए गुलाब के फूल छिपा रखे हैं।' दरबारियों ने कहा।

'गुलाब के फूल, कैसे गुलाब के फूल?' तेनालीराम के बेटे ने कहा, 'ये तो मेरी माँ की दवा के लिए जड़ें हैं।'

उसने झोली खोलकर जड़ें दिखा दीं। दरबारियों के सिर शर्म से झुक गए।

राजा ने तेनालीराम से क्षमा माँगी और उसने बेटे को बहुत-सी भेंट देकर घर भेज दिया।

गायों की कीमत

राज कृष्णदेव राय सवेरे-सवेरे राज-उद्यान में टहलने जाया करते थे। अक्सर तेनालीराम भी उनके साथ होते थे। इस बात से अन्य दरबारी जलते थे। वे अक्सर इस सोच में रहते कि किस तरह तेनालीराम को राजा की नजरों में गिराया जाए।

अचानक एक दिन तेनालीराम बीमार पड़ गया। दूसरे दिन राजा कृष्णदव राय अकले टहलने गए। राज-उद्यान में पहुँचकर उन्होंने देखा कि उद्यान में बहुत-सी गायें चर रही हैं। उन गायों ने सारे सुंदर फूल-पौधे तोड़ डाले हैं। राजा को यह सब देखकर बड़ा दु:ख हुआ। उन्होंने तुरंत माली को बुलाया और पूछा, 'इतंनी सारी गायें यहाँ कहाँ से आईं?'

'जी...जी, ये गायें तो तेनालीराम ने यहाँ भेजी हैं।'

'क्या तेनालीराम ने ये गायें भेजी हैं? राजा आश्चर्य से बोले।

इस बीच अन्य दरबारी भी उद्यान में आ गए। उन्होंने महाराज से चुगली लगाई, 'महाराज, तेनालीराम के अतिरिक्त और कोई आपके साथ घूमने या टहलने न आए, शायद इसी कारण तेनालीराम ने राज-उद्यान में यह सब कराया है। और तो और इन गायों के कारण आज आप न टहल सके, न घूम सके।'

महाराज को यह सुनकर क्रोध आ गया। उन्होंने तेनालीराम पर पाँच हजार स्वर्ण-मुद्राओं का जुर्माना कर दिया और गायों को राज्य की पशुशाला में भेज दिया गया।

इसी बीच तेनालीराम को इस बात का पता चल गया। इस घटना के तीसरे दिन वह दरबार में आया। उसके साथ बहुत बड़ी संख्या में गाँव वाले भी थे। तेनालीराम ने महाराज को प्रणाम किया और बोले, 'महाराज, मुझसे जुर्माना वसूल करने से पहले आप कृपया इन गाँववालों की बातें सुन लें, उसके बाद मेरे बारे में कोई राय कायम करें।'

'ठीक है। महाराज गाँववालों की ओर देखकर बोले, 'कहिए, आप लोग क्या कहना चाहते हैं?'

'महाराज, आपके कुछ दरबारी हमारी गायें खरीदकर लाए थे, लेकिन उन्होंने अभी तक उन गायों की कीमत अदा नहीं की। महाराज आप ही न्याय करें।'

राजा कृष्णदेव राय ने सारी बात की जाँच-पड़ताल की तो पता चला कि तेनालीराम को बदनाम करने के लिए उन्हीं दरबारियों ने यह सब षड्यंत्र रचा था।

तेनालीराम पर जो पाँच हजार स्वर्णमुद्राओं का जुर्माना महाराज ने किया था, वह उन दरबारियों को देना पड़ा। साथ-साथ उन्हीं दरबारियों को गायों की कीमत भी चुकानी पड़ी। आखिर वे बेचारे तेनालीराम की बुद्धि के आगे मात खा ही गए।

दान का लालच

एक दिन राजा कृष्णदेव राय के दरबार में इस विषय पर बहस हो रही थी कि राज्य की समृद्धि के लिए सबसे अधिक महत्त्वपूर्ण व्यक्ति कौन होता है?

एक दरबारी बोला, 'राज्य की समृद्धि वहाँ के राजा पर निर्भर करती है। दुष्टों को दंड देकर, सबके अधिकारों की रक्षा करके, अंदरूनी अशांति और बाहरी आक्रमणों से राज्य की स्वतंत्रता बचाकर राजा ही अपने राज्य में खुशहाली ले आता है।'

'मेरे विचार में राजा राज्य की समृद्धि के लिए महत्त्वपूर्ण तो है पर अकेला नहीं, और फिर इस बात का क्या भरोसा कि राजा दुष्ट और अत्याचारी नहीं होगा।' राजा ने कहा।

राजकुमारी मोहनांगी ने कहा, 'राज्य की रीढ़ की हड्डी हैं साधारण लोग, किसान, लुहार, बढ़ई, सुनार, कुम्हार, नाई जुलाहे, मजदूर, चित्रकार आदि। यही लोग अपने परिश्रम और लगन से अपनी और राज्य की समृद्धि में चार चाँद लगाते हैं।'

राजा बोले, 'लेकिन यह कैसे संभव है? पढ़े-लिखे न होने के कारण उन्हें राजा, मंत्रियों और ब्राह्मणों पर निर्भर रहना पड़ता है।'

'राज्य की समृद्धि के लिए मंत्री सबसे अधिक महत्त्वपूर्ण है।' प्रधानमंत्री ने कहा।

'यह कैसे हो सकता है? मंत्रियों को भी राजा पर निर्भर रहना पड़ता

है, और फिर योग्य मंत्री भी कई बार ऐसे काम कर देते हैं, जिनसे राज्य को हानि पहुँचती है।' राजा ने कहा।

तभी सेनापति ने कहा, 'मेरे विचार में सेनापति राज्य की खुशहाली के लिए सबसे अधिक महत्त्वपूर्ण है।'

'अगर राजा उन पर नियंत्रण न रखे तो सेनापति कभी शांति ही न होने दें। बस, युद्ध ही चलते रहें।' राजा बोले।

एक दरबारी बोला, 'सबसे महत्त्वपूर्ण वस्तु राज्य के किले हैं।'

'नहीं-नहीं।' राजा ने कहा, 'बहादुर जनता किलों से अधिक महत्त्वपूर्ण है।'

ब्राह्मण सबसे महत्त्वपूर्ण अंग है।' राजगुरु ने सुझाव दिया।

'इस विषय में तुम्हारा क्या विचार है? तेनालीराजा ने तेनालीराम से पूछा।

'जी मेरे विचार में अच्छा और बुरा होने से कोई संबंध नहीं। अच्छा व्यक्ति चाहे ब्राह्मण हो या न हो, राज्य को लाभ ही पहुँचाएगा, और ब्राह्मण होकर भी कोई व्यक्ति राज्य को बेहद नुकसान भी पहुँचा सकता है।' तेनालीराम ने कहा।

यह सुनकर राजगुरु ने कहा, 'तुम ब्राह्मणों पर आरोप लगा रहे हो। राज्य का कोई भी ब्राह्मण कभी अपने राजा या राज्य को हानि नहीं पहुँचा सकता, यह मेरा दावा है।'

'मैं आपके दावे को झूठा साबित कर दूँगा, गुरु जी। जो व्यक्ति मूल रूप में अच्छा नहीं है, वह ब्राह्मण होकर भी धन के लोभ में कुछ भी कर सकता है।' तेनालीराम ने कहा।

राजा ने यह देखकर सभा भंग कर दी कि बहस में जरूरत से अधिक गरमी आ गई है।

एक मास बीत गया। इस बात को सभी भूल गए। तेनालीराम ने अपनी योजना राजा को बताई और नगर के आठ प्रमुख ब्राह्मणों के पास गया। उसने उन्हें बताया कि राजा कृष्णदेव राय इसी समय आठ चुने हुए ब्राह्मणों को चाँदी की थालियाँ और स्वर्णमुद्राएँ देना चाहते हैं।

ब्राह्मण बड़े प्रसन्न हुए। उन्होंने कृतज्ञता जताई कि तेनालीराम ने उन्हें इस अवसर के लिए चुना है। वे बोले, 'हम अभी स्नान करके आते हैं।'

'स्नान के लिए समय नहीं है। राजा तैयार बैठे हैं। ऐसा न हो कि दान का मुहूर्त निकल जाए और आप लोग स्नान करते ही रह जाएँ।' तेनालीराम ने कहा, 'इसलिए मैं जाकर दूसरे ब्राह्मणों को बुला लाता हूँ।'

'ठहरिए, ठहरिए, तेनालीराम जी, हम अपने-अपने बालों पर थोड़ा-सा पानी छिड़क लेते हैं। धर्म के सिद्धांत के अनुसार इसे स्नान के बराबर ही माना जाएगा।' उन ब्राह्मणों में से एक ने कहा।

तेनालीराम कुछ न बोला। चुपचाप प्रतीक्षा करता रहा। ब्राह्मणों ने अपने-अपने सिरों पर पानी छिड़का, तिलक लगाया और तेनालीराम के पीछे-पीछे दरबार में जा पहुँचे। दरबार में राजा द्वारा रखी गई चाँदी की आठ बड़ी-बड़ी थालियाँ और उनमें स्वर्णमुद्राएँ देखकर तो ब्राह्मणों की बाँछें खिल गईं।

राजा जब दान करने लगे तो एकाएक तेनालीराम बोला, 'महाराज, मेरे विचार में आपको इस बात पर कोई आपत्ति नहीं होगी कि इन ब्राह्मणों ने स्नान नहीं किया। बेचारे जल्दी-जल्दी यहाँ पहुँचकर दान लेना चाहते थे, इसलिए इन्होंने अपने सिरों पर पानी छिड़का है।'

राजा ने क्रोध में भरकर पूछा, 'क्या यह सच है?'

ब्राह्मणों को काटो तो खून नहीं। उन्होंने धीरे से स्वीकार कर लिया कि उन्होंने स्नान नहीं किया है और चुपके से खिसकने लगे।

तेनालीराम ने राजगुरु से कहा, 'कहिए राजगुरु, उस दिन जो बहस छिड़ी थी, उसके बारे में आपको क्या कहना है? देखा, धन के लालच में ये लोग वह सब भी भूल गए, जिसे ये सब अपना धर्म-कर्म मानते हैं। ब्राह्मण होने भर से किसी का दर्जा ऊँचा नहीं हो जाता।'

यह बात सिद्ध हो गई थी कि राज्य का सबसे महत्त्वपूर्ण अंग ब्राह्मण नहीं है, बल्कि साधारण परिश्रमी जनता है, जिन्हें यदि अच्छा राजा और समझदार मंत्री मिले तो राज्य के समृद्ध होने में कोई देर नहीं लगती।

चोटी की कीमत

एक दिन बातों-बातों में राजा कृष्णदेव राय ने तेनालीराम से पूछा, 'अच्छा यह बताओ कि किस प्रकार के लोग सबसे अधिक मूर्ख होते हैं और किस प्रकार के सबसे अधिक सयाने?'

तेनालीराम ने झट से उत्तर दिया, 'महाराज, ब्राह्मण सबसे अधिक मूर्ख और व्यापारी सबसे अधिक सयाने होते हैं।'

'ऐसा कैसे हो सकता है, तेनालीराम? ब्राह्मण तो पढ़े-लिखे और विद्वान होते हैं और व्यापारी निरे अनपढ़।' राजा ने कहा।

'मैं यह बात साबित कर सकता हूँ।' तेनालीराम ने कहा।

'कैसे?' राजा ने पूछा।

'अभी जान जाएँगे आप। जरा, राजगुरु को बुलवाइए।'

राजगुरु को बुलवाया गया।

तेनालीराम ने कहा, 'महाराज, अब मैं अपनी बात साबित करूँगा, लेकिन मेरी एक प्रार्थना है कि इस काम में आप दखल नहीं देंगे। आप यह वचन दें, तभी मैं अपना काम आरंभ करूँगा।'

राजा ने तेनालीराम की बात मान ली।

तेनालीराम ने आदरपूर्वक राजगुरु से कहा, 'राजगुरुजी, महाराज को आपकी चोटी की आवश्यकता है। इसके बदले आपको मुँह-माँगा इनाम दिया जाएगा।'

राजगुरु को काटो तो खून नहीं। वर्षों से पाली गई प्यारी चोटी को कैसे कटवा दें? लेकिन राजा की आज्ञा थी। टाली भी कैसे जा सकती थी।

उसने कहा, 'तेनालीराम जी, मैंने बड़े जतन से अपनी इस चोटी को पाला है। मैं इसे कैसे दे सकता हूँ?'

'राजगुरुजी, आपने जीवन-भर महाराज का नमक खाया है। चोटी कोई ऐसी वस्तु तो है नहीं, जो फिर न आ सके। फिर महाराज मुँह-माँगा इनाम भी दे रहे हैं। चाहें तो आपसे सब कुछ छीन भी सकते हैं। लेकिन हमारे महाराज न्यायप्रिय हैं और ऐसा कुछ नहीं करना चाहते, जिससे आपको हानि हो।'

राजगुरु मन-ही-मन समझ गया कि यह तेनालीराम की चाल है।

तेनालीराम ने पूछा, 'राजगुरुजी, आपको चोटी के बदले क्या इनाम चाहिए?'

राजगुरु ने धीरे से कहा, 'पाँच स्वर्ण मुद्राएँ बहुत होंगी।'

पाँच स्वर्ण मुद्राएँ राजगुरु को दे दी गईं और नाई को बुलवाकर राजगुरु की चोटी कटवा दी गई।

अब तेनालीराम ने नगर के सबसे प्रसिद्ध व्यापारी को बुलवाया। उसकी भी बहुत बड़ी चोटी थी।

तेनालीराम ने व्यापारी से कहा, 'महाराज को तुम्हारी चोटी की आवश्यकता है।'

'सब कुछ महाराज का ही तो है, जब चाहें ले लें, लेकिन बस इतना ध्यान रखें कि मैं एक गरीब आदमी हूँ।' व्यापारी ने कहा।

'तुम्हें तुम्हारी चोटी का मुँह-माँगा दाम दिया जाएगा।' तेनालीराम ने कहा।

'सब आपकी कृपा है लेकिन...।' व्यापारी ने कहा।

'लेकिन-वेकिन क्या है? क्या कहना चाहते हो तुम?' तेनालीराम ने पूछा।

'जी बात यह है कि जब मैंने अपनी बेटी का विवाह किया था, तो अपनी इसी चोटी की लाज रखने के लिए मैंने पूरी पाँच हजार स्वर्ण मुद्राएँ खर्च की थीं। पिछले साल मेरे पिता की मौत हुई। तब भी इसी के कारण पाँच हजार स्वर्णमुद्राओं का खर्च हुआ और अपनी इसी प्यारी-दुलारी चोटी के कारण बाजार से कम-से-कम पाँच हजार स्वर्णमुद्राओं का उधार मिल जाता है। बड़ी बेशकीमती चोटी है यह!' अपनी चोटी पर हाथ फेरते हुए व्यापारी ने कहा।

'इस तरह तुम्हारी चोटी का मूल्य पंद्रह हजार स्वर्ण मुद्राएँ हुआ। ठीक है, यह मूल्य तुम्हें दे दिया जाएगा।'

पंद्रह हजार स्वर्ण मुद्राएँ व्यापारी को दे दी गईं।

व्यापारी चोटी मुँडवाने बैठा। जैसे ही नाई ने चोटी पर उस्तरा रखा, व्यापारी कड़ककर बोला, 'सँभलकर, नाई के बच्चे। जानता नहीं, अब यह महाराज कृष्णदेव राय की चोटी है।'

राजा ने सुना तो आगबबूला हो गया। इस व्यापारी की यह मजाल कि हमारा अपमान करे? उन्होंने कहा, 'धक्के मारकर निकाल दो इस सिरफिरे को।'

व्यापारी पंद्रह हजार स्वर्ण मुद्राओं की थैली को लेकर वहाँ से भाग

निकला।

कुछ देर बाद तेनालीराम ने कहा, 'आपने देखा महाराज, राजगुरु ने तो पाँच स्वर्ण मुद्राएँ लेकर अपनी चोटी मुँडवा ली। व्यापारी पंद्रह हजार स्वर्ण मुद्राएँ भी ले गया और चोटी भी बचा ली। आप ही कहिए, ब्राह्मण सयाना हुआ कि व्यापारी?'

राजा ने कहा, 'सचमुच तुम्हारी बात ठीक निकली।'

बाग की हवा

गर्मी बहुत अधिक थी। राजा कृष्णदेव राय के दरबार में काफी उसम भी थी। सारे दरबारी पसीने से नहा रहे थे। जब गर्मी उनकी सहनशक्ति से बाहर हो गई तो दरबारियों ने महाराज से कहा, 'महाराज, सुबह सवेरे बाग में हवा कितनी शीतल और सुगंधित होती है, क्या ऐसी हवा दरबार में नहीं लाई जा सकती?'

अन्य दरबारी यह प्रश्न सुनकर चुप हो गए। तभी महाराज ने घोषणा की, 'जो कोई भी बाग की हवा को दरबार में लाएगा, उसे एक हजार स्वर्ण मुद्राएँ पुरस्कार में दी जाएँगी।'

सारे दरबारी यह घोषणा सुनकर सन्नाटे में आ गए। उनकी समझ में ही नहीं आ रहा था कि बाग की हवा दरबार में कैसे लाई जाए।

दूसरे दिन महाराज ने दरबार में सब दरबारियों के उतरे चेहरे देखे तो ठंडी साँस भरकर बोले, 'लगता है, हमारी बाग की हवा की इच्छा पूरी नहीं होगी।'

सारे दरबारियों के बीच तभी तेनालीराम की आवाज सुनाई दी, 'महाराज, आप बिलकुल चिंता न करें, मैं बाग की हवा को आपके लिए कैद करके ले आया हूँ। आज्ञा हो तो हवा को छोड़ दूँ।'

तेनालीराम की यह बात सुनकर सारे दरबारी आश्चर्य में डूब गए। तभी राजा कृष्णदेव ने आज्ञा देते हुए कहा, 'कहाँ है हवा? उसे तुरंत छोड़ दो।'

तेनालीराम को जैसे ही आज्ञा मिली, उसने फौरन बाहर खड़े पाँच आदमियों को बुलवाया। उनके हाथों में खसखस और चमेली-गुलाब के

फूलों से बने दस बड़े पंखे इत्र-जल से पूरी तरह भीगे हुए थे। तेनालीराम का इशारा पाते ही दसों नौकर उन पंखों को लेकर महाराज के दाएँ-बाएँ और पीछे खड़े हो गए और उन पंखों को झलने लगे।

थोड़ी ही देर में महकती ठंडी हवा से दरबार ठंडा होकर महकने लगा। महाराज और अन्य दरबारी बड़े प्रसन्न हुए। महाराज मन-ही-मन तेनालीराम की बुद्धिमत्ता को सराहते हुए बोले, 'तेनालीराम, तुम इंसान नहीं, देवता हो। हर चीज उपलब्ध करवा देते हो।'

महाराज ने तेनालीराम को एक हजार स्वर्ण मुद्राएँ पुरस्कार में दे दीं।

सोने का हंस

राजा कृष्णदेव राय का दरबार लगा था। तभी दो व्यक्तियों ने राजदरबार में प्रवेश किया। उनके हाथों में सोने का बहुमूल्य हीरों से जड़ा हंस था। वे सीधे महाराज के पास आए और बोले, 'महाराज, हमारा न्याय कीजिए।'

'न्याय! किस बात का न्याय चाहते हो तुम लोग पूरी बात बताओ। आखिर झगड़ा किस बात का है?' राजा ने पूछा।

'महाराज, हम दोनों झगड़ा नहीं कर रहे। हम तो मित्र हैं। हुआ यह कि तंगी की हालत में मेरे मित्र ने मेरी मदद की। उसने अपनी जमीन में से थोड़ी जमीन मुझे दे दी। उसी जमीन पर जब मैं एक दिन हल चला रहा था तो मुझे यह सोने का हंस मिला। मैं इस हंस को अपने दोस्त को लौटाने गया तो वह इसे लेने से इंकार कर रहा है।' उन दोनों में से एक ने कहा।

'महाराज जब मैंने वह जमीन अपने मित्र को दे दी तो उसमें से निकलने वाला सोने का हंस इसी का तो हुआ। मैं इस हंस को कैसे ले सकता हूँ? दूसरा मित्र बोला।

दोनों की स्पष्टवादिता देखकर और सुनकर राजा कृष्णदेव राय चकरा गए। उनके सामने ऐसा अनोखा मुकदमा पहली बार आया था। उन्होंने दरबारियों से पूछा, 'अब आप लोग ही बताइए, इनका क्या किया जाए और क्या निर्णय किया जाए? कौन सा फैसला इनके लिए उचित होगा?'

'सोने का हंस दो हिस्सों में बाँट दिया जाए और दोनों को एक-एक

हिस्सा दे दिया जाए।' मंत्री ने सुझाव दिया।

लेकिन दोनों मित्रों ने इस फैसले को स्वीकार नहीं किया।

तब एक दरबारी ने एक और सुझाव प्रस्तुत किया कि सोने के हंस की नीलामी कर दी जाए। बदले में जो भी धन प्राप्त हो, उसे ये दोनों मित्र, आपस में आधा-आधा बाँट लें।

तभी दोनों मित्र एक साथ बोल उठे, 'नहीं महाराज, हमें यह धन भी नहीं चाहिए।'

'महाराज, मेरा मतलब है कि इसका मूल्य दान-पुण्य के कामों में लगा देना चाहिए।' राजपुरोहित ने अपनी गोटी बिठाते हुए कहा। कोषाधिकारी ने सोने का हंस राजकोष में जमा करने का सुझाव दिया।

मतलब यह है कि सभी दरबारी अपनी-अपनी बुद्धि के अनुसार सुझाव दे रहे थे, लेकिन राजा कृष्णदेव राय को किसी का भी सुझाव उचित नहीं लगा।

तभी तेनालीराम, जो अब तक चुप बैठा सबको सुन रहा था, बोला, 'क्षमा करें महाराज, मेरा निवेदन है कि इस सोने के हंस को बेचकर जो धन प्राप्त हो, उससे इन दोनों मित्रों की अनोखी मित्रता की याद में एक सुनहरी हंस उद्यान का निर्माण हो। उस उद्यान में छायादार पेड़ हों। बीच में स्वच्छ जल का मनोहर सरोवर हो। जिसमें पंख फैलाए संगमरमर के दो उजले हंस हों। दूर-दूर से आए पथिक इस उद्यान की शीतल छाया में विश्राम करेंगे और मित्रता का पाठ पढ़ेंगे।'

तेनालीराम का यह सुझाव सुनकर राजा कृष्णदेव राय मुस्कुराए और बोले, 'तेनालीराम, तुम्हारा सुझाव तो बहुत अच्छा है। हम यही फैसला करते हैं, जो तेनालीराम ने सुझाया है।'

तेनालीराम के इस अनोखे सुझाव से जहाँ राजा कृष्णदेव राय प्रसन्न थे, वहीं अन्य दरबारी बगलें झाँक रहे थे।

जीवन-भर की कमाई

वेंकट नाम का एक ब्राह्मण था। उसने बड़ी मेहनत से एक हजार स्वर्ण मुद्राएँ इकट्ठी की थीं। बुढ़ापे में एक बार उसे तीर्थयात्रा करने की इच्छा हुई।

उसने सोचा कि ये एक हजार स्वर्ण मुद्राएँ धरोहर के रूप में पड़ोसी सेठ राघव के पास रख जाऊँ। वापस आ सका तो जीवन के शेष दिन आराम से बीत सकेंगे। रास्ते में चोर डाकुओं का डर बना रहता है। पूरे जीवन की कमाई कहीं एक पल में ही न लुट जाए।

यह सोचकर वह राघव के पास गया और बोला, 'सेठजी, मैं चार धाम की तीर्थयात्रा के लिए जा रहा हूँ। मेरे जीवन-भर की कमाई इस थैली में है। आप मेरी धरोहर रख लीजिए। तीर्थयात्रा से जीवित लौट आया तो वापस ले लूँगा, नहीं तो यह धन आपका होगा।'

'तुम निश्चिंत होकर तीर्थयात्रा पर जाओ, वेंकट। तुम्हारा धन मेरे पास बिलकुल सुरक्षित रहेगा। वापस आने पर तुम्हें यह थैली ज्यों-की-त्यों मिल जाएगी।' राघव ने कहा।

वेंकट ने राघव को धन्यवाद दिया और थैली उसे सौंपकर चल दिया।

राघव इतना भला नहीं था, जितना वह अपनी बातों से जान पड़ता था। वेंकट के जाने के बाद उसने उसकी मिली हुई थैली को खोलकर देखा।

उसमें एक हजार स्वर्णमुद्राएँ थीं। घर में आया माल वापस चला जाए, यह राघव का सिद्धांत नहीं था। उसने स्वर्ण-मुद्राएँ हजम कर जाने का मन बनाया।

थैली खोलने से जो छेद उसमें हो गया था, उसका भी उसने उपाय कर लिया। राघव वेंकट की एक हजार स्वर्ण-मुद्राएँ डकार गया।

दो-तीन वर्ष के बाद वेंकट यात्रा से लौटा और सीधा राघव सेठ के पास पहुँचा। राघव ने उसकी बड़ी आवभगत की और सिली हुई थैली त्यों-की-त्यों वेंकट को दे दी।

वेंकट खुशी-खुशी घर आया। उसने थैली खोली तो हैरान रह गया। स्वर्ण-मुद्राओं के स्थान पर उसमें लोहे के सिक्के भरे हुए थे।

वह तुरंत राघव के पास पहुँचा और बोला, 'सेठ जी, इस थैली में

मेरी एक हजार स्वर्ण-मुद्राएँ थीं, लेकिन अब इसमें लोहे के सिक्के हैं। मैंने तो आप पर बिश्वास करके यह धरोहर आपके पास रखी थी। मुझ निर्धन के साथ आपको ऐसा अन्याय नहीं करना चाहिए था।'

'क्या बकते हो? तुम मुझ पर चोरी का दोष लगा रहे हो। मैंने तुम्हारी थैली ज्यों-की-त्यों वापस कर दी। मैं क्या जानूँ कि उसमें स्वर्ण-मुद्राएँ थीं या कुछ और?' राघव ने आँखें लाल करके कहा।

'लेकिन सेठजी...।'

'लेकिन-वेकिन कुछ नहीं, चले जाओ यहां से वरना धक्के मारकर बाहर निकाल दिए जाओगे। मुझे चोर बताते हो। एक हजार स्वर्ण-मुद्राएँ ठगने की यह अच्छी चाल है।' राघव चिल्लाया।

वेंकट अपना-सा मुँह लेकर वापस आ गया। वह सोचने लगा कि जीवन-भर की कमाई को वापस लेने के लिए क्या करना चाहिए। बहुत सोचने-विचारने के बाद उसने राजा कृष्णदेव राय के दरबार में प्रार्थना करने का निश्चय किया।

राजा कृष्णदेव राय ने जब वेंकट की दुखभरी कहानी सुनी तो समझ नहीं पाए कि समस्या को कैसे सुलझाया जाए। उन्होंने सोचा कि इस काम के लिए तेनालीराम ही सबसे उपयुक्त व्यक्ति है।

उन्होंने तेनालीराम से कहा, 'मुझे लगता है, वेंकट सच कह रहा है और उस लालची राघव ने अवश्य इसके साथ अन्याय किया है। आवश्यकता है प्रमाण की। इस काम को तुम्हीं कर सकते हो।'

तेनालीराम ने वेंकट की थैली को बड़े गौर से देखा और उसकी समझ में सारी बात आ गई।

उसने नगर के सभी दर्जियों को बुलवाया और कहा, 'बिलकुल इससे मिलती-जुलती एक थैली हम सिलवाना चाहते हैं। जिसकी थैली बिलकुल ठीक रहेगी, उसे एक सौ स्वर्ण मुद्राएँ पुरस्कार में दी जाएँगी।'

कुछ ही देर में दर्जियों ने अपनी सी हुई थैलियाँ तेनालीराम के पास पहुँचा दीं।

तेनालीराम ने ध्यान से देखा। ऊपर से देखने में तो सभी थैलियाँ दिखाई गई थैली जैसी लगती थीं। पर बारीकी से देखने पर मालूम होता था कि लगभग सभी में कोई-न-कोई दोष रह गया है। लेकिन एक थैली ऐसी थी, जो बिलकुल दिखाई गई थैली जैसी लगती थी। कहीं भी कोई अंतर नहीं

था। यहाँ तक कि जब तेनालीराम ने वेंकट के सामने दोनों थैलियाँ रखीं तो वह यह न जान सका कि उसकी अपनी थैली कौन-सी है।

'बात यह है।' तेनालीराम ने मुस्कराकर कहा, 'इनमें से कोई भी थैली तुम्हारी नहीं है।'

'जी...?' वेंकट हैरान था।

'अभी पता चल जाएगा।' तेनालीराम ने कहा।

उसने नई थैली सीने वाले दर्जी से पूछा, 'यह जो दूसरी थैली मेरे हाथ में है, यह भी क्या तुमने सी है?'

दर्जी देखते ही झट बोला, 'जी हाँ, यह थैली भी मैंने सी है।'

'कब और किसने सिलवाई थी यह थैली?' तेनालीराम ने पूछा।

याद करते हुए दर्जी बोला, 'कोई तीन वर्ष पहले राघव सेठ ने एक थैली मुझे दी थी और कहा था कि बिलकुल ऐसी एक थैली बना दो। तभी यह थैली मैंने सी थी।'

तेनालीराम ने उसी समय राघव सेठ को बुलवाया और उससे वेंकट की एक हजार स्वर्ण मुद्राओं के बारे में पूछा। पहले तो राघव ने साफ इंकार कर दिया, पर जब दर्जी को उसके सामने खड़ा किया गया तो उसकी घिग्घी बँध गई।

राघव ने अपना अपराध स्वीकार कर लिया।

तेनालीराम ने कहा, 'वेंकट की जो एक हजार स्वर्ण-मुद्राएँ तुम हड़प कर गए थे, वे तुम्हें देनी ही होंगी, साथ ही उसे धोखा देने और दरबार में झूठ बोलने की सजा के रूप में उसे चार सौ स्वर्ण-मुद्राएँ और दर्जी के पुरस्कार की राशि एक सौ स्वर्ण मुद्राएँ भी तुम्हें देनी होंगी।'

इस तरह धोखेबाज राघव को एक हजार स्वर्ण-मुद्राओं के बदले पंद्रह सौ स्वर्ण-मुद्राएँ देनी पड़ीं। राज्य में उसकी जो बदनामी हुई, वह अलग।

तेनालीराम के न्याय से राजा कृष्णदेव राय बड़े खुश हुए।

संन्यासी

एक बार तेनालीराम के गाँव में भयंकर सूखा पड़ा। पीने के लिए पानी मिलना मुश्किल हो गया। लोग बेहद दुखी थे।

जब सूखा पूरे जोरों पर था तो एक दिन एक संन्यासी कहीं से गाँव में आ पहुँचा। अभी उस संन्यासी ने गाँव में प्रवेश किया ही था कि एकाएक मूसलाधार वर्षा होने लगी। अंधविश्वासी भक्तों ने समझा कि यह सब संन्यासी के आने का ही प्रताप है।

बस फिर क्या था। लोग संन्यासी के पास आने लगे। वे लोग उसे चढ़ावा चढ़ाने लगे, उसके गुण गाने लगे। तेनालीराम जी ने संन्यासी के पास जाकर पूछा, 'कहिए महात्मा जी, उस बूढ़े खजूर का क्या हाल है?'

संन्यासी बात को समझकर धीरे से मुस्करा दिया। नगर के जो लोग वहाँ जमा थे, वे हक्के-बक्के होकर तेनालीराम और संन्यासी का मुँह ताकने लगे।

उनमें से एक ने कहा, 'भाई तेनालीराम, तुम्हारी बात का भेद हमारी समझ में बिलकुल नहीं आया।'

तेनालीराम ने हँसकर कहा, 'एक बार एक कौआ खजूर के पेड़ पर जा बैठा। उसके बैठते ही एक खजूर का फल नीचे आ गिरा। जिसने देखा, उसने यही कहा कि यह खजूर कौए ने गिराई है। इसी तरह जब यह संन्यासी गाँव में पहुँचा तो एकाएक वर्षा होने लगी, तो सबने यही कहा कि वर्षा इनके आने से हुई है। इसलिए मैंने इनसे पूछा, 'उस बूढ़े खजूर का क्या हाल है?'

तेनालीराम की बात सुनकर लोग हँस पड़े।

संन्यासी ने तेनालीराम से कहा, 'तुम बहुत बुद्धिमान हो और योग्य भी। साहस से काम लोगे तो एक दिन ऐसी जगह जा पहुँचोगे, जहाँ तुम्हें न सुख की कमी होगी, न पैसे की।'

अशर्फी का चित्र

एक बार राजा कृष्णदेव राय ने अपने दरबारियों की परीक्षा लेने का निर्णय लिया। निर्णय के अनुसार राजा ने अपने सारे दरबारियों को मखमल की थैली में अशर्फियाँ भर कर दीं। हर एक को एक-एक थैली देने के बाद उन्होंने कहा, 'यह हमारी ओर से भेंट है।' लेकिन साथ-साथ एक शर्त भी लगा दी कि अशर्फियों को खर्च करते समय हमारा मुँह देखकर ही खर्च करना, और एक हफ्ते बाद बताना कि इन अशर्फियों से आपने क्या-क्या खरीदा है?'

हर दरबारी ने खुशी-खुशी से थैली ले ली। जब वे बाजार में खरीदारी करने गए तो परेशान हो उठे। राजा की शर्तें याद आते ही उनकी सिट्टी-पिट्टी गुम। बिना राजा का मुँह देखे अशर्फियाँ कैसे खर्च करें।

इसी उधेड़-बुन में एक हफ्ता बीत गया। एक दिन राजा ने अपने दरबारियों से पूछ ही लिया, 'क्या आप लोग बताएँगे कि अशर्फियों से आपने क्या-क्या खरीदारी की?'

राजा का प्रश्न सुनकर दरबारी सभी चुप रह गए। तभी पुरोहित बोले, 'महाराज हम खरीदारी कैसे करते? आपकी शर्त ही ऐसी थी। बाजार में आपके दर्शन कैसे होते? कहाँ होते? और हम बिना आपके दर्शन किए अशर्फियाँ कैसे खर्च करते?'

सभी दरबारियों ने पुरोहित की हाँ में हाँ हिलाई। राजा ने फिर तेनालीराम से पूछा, 'तेनालीराम तुम बताओ, तुमने अशर्फियों से क्या-क्या खरीदा?'

'महाराज, मैंने तो दूसरे दिन ही अशर्फियों से अपने काम की चीजें खरीद ली थीं। यह नई धोती और रेशमी दुपट्टा, जो मैं पहने हुए हूँ, मैंने अशर्फियों से ही खरीदा है। और यह नया चश्मा, यह भी बनवाया है।'

'इसका मतलब हुआ कि तुमने हमारी आज्ञा का पालन नहीं किया।' राजा ने कहा।

'ऐसा कैसे हो सकता है महाराज! मैंने आपकी आज्ञा की अवहेलना नहीं की। अशर्फियों पर आपका चित्र अंकित है। खरीदारी करते समय मैंने आपके चित्र को बार-बार देखा, नमस्कार किया और फिर उस अशर्फी से खरीदारी की।'

यह सुनकर सारे दरबारी शर्म से पानी-पानी हो गए।

अपमान का बदला

तेनालीराम ने सुना था कि राजा कृष्णदेव राय बुद्धिमानों और गुणवानों का बड़ा आदर करते हैं। उसने सोचा, क्यों न उनके यहाँ जाकर भाग्य आजमाया जाए। लेकिन बिना किसी सिफारिश के राजा के पास जाना टेढ़ी खीर थी। वह किसी ऐसे अवसर की प्रतीक्षा करने लगा, जब उसकी भेंट किसी महत्त्वपूर्ण व्यक्ति से हो सके।

इसी बीच तेनालीराम का विवाह दूर के नाते की एक लड़की से हो गया। एक वर्ष बाद उसके घर बेटा हुआ।

इन्हीं दिनों राजा कृष्णदेव राय का राजगुरु तेनालीराम के पास मंगलगिरि नाम के स्थान से आया। वहाँ रामलिंग ने उनकी बड़ी सेवा की और अपनी समस्या कह सुनाई।

राजगुरु बहुत चालाक था। उसने रामलिंग से खूब सेवा करवाई और लंबे-चौड़े वायदे करता रहा। रामलिंग अर्थात् तेनालीराम ने उसकी बातों पर विश्वास कर लिया और राजगुरु को प्रसन्न रखने कि लिए दिन-रात एक कर दिया। राजगुरु ऊपर से तो चिकनी-चुपड़ी बातें करता रहा, लेकिन मन-ही-मन तेनालीराम से जलने लगा। उसने सोचा कि इतना बुद्धिमान और विद्वान व्यक्ति राजा के दरबार में आ गया तो उसकी अपनी कीमत कम हो जाएगी। किंतु जाते समय उसने विश्वास दिलाया, 'जब भी मुझे लगेगा कि अवसर उचित है, मैं राजा से तुम्हारा परिचय करवाने के लिए बुलवा लूँगा।'

तेनालीराम राजगुरु के बुलावे की उत्सुकता से प्रतीक्षा करने लगा, लेकिन बुलावा न आना था और न ही आया। लोग उससे हँसकर पूछते, 'क्यों भाई रामलिंग जाने के लिए सामान बाँध लिया ना?'

कोई कहता, 'मैंने सुना है कि तुम्हें विजयनगर जाने के लिए राजा ने विशेष दूता भेजा है।'

तेनालीराम उत्तर देता, 'समय आने पर सब कुछ होगा।' लेकिन मन-ही-मन उसका विश्वास राजगुरु से उठ गया।

तेनालीराम ने बहुत दिन तक इस आशा में प्रतीक्षा की कि राजगुरु उसे विजयनगर बुलवा लेगा। अंत में निराश होकर उसने निर्णय किया कि वह स्वयं ही विजयनगर जाएगा। उसने अपना घर और घर का सारा सामान बेचकर यात्रा का खर्च जुटाया और माँ, पत्नी तथा बच्चे को लेकर विजयनगर

के लिए रवाना हो गया। यात्रा में जहाँ कोई रुकावट आती, तेनालीराम राजगुरु का नाम ले देता, कहता, 'मैं उनका शिष्य हूँ।'

उसने माँ से कहा, 'देखा? जहाँ राजगुरु का नाम लिया, मुश्किल हल हो गई। व्यक्ति स्वयं चाहे जैसा भी हो, उसका नाम ऊँचा हो तो सारी बाधाएँ अपने आप दूर होने लगती हैं। मुझे भी अपना नाम बदलना ही पड़ेगा। राजा कृष्णदेव राय के प्रति सम्मान जताने के लिए मुझे भी अपने नाम में उनके नाम का कृष्ण शब्द जोड़ लेना चाहिए। आज से मेरा नाम रामलिंग की जगह रामकृष्ण हुआ।'

'बेटा, मेरे लिए तो दोनों नाम बराबर हैं। मैं तो अब भी तुझे राम पुकारती हूँ, आगे भी यही पुकारूँगी।' माँ बोली।

कोडवीड़ नामक स्थान पर तेनालीराम की भेंट वहाँ के राज्यप्रमुख से हुई, जो विजयनगर के प्रधानमंत्री का संबंधी था। उसने बताया कि महाराज बहुत गुणवान, विद्वान और उदार हैं, लेकिन उन्हें कभी-कभी जब क्रोध आता है तो देखते-ही-देखते सिर धड़ से अलग कर दिए जाते हैं।'

'जब तक मनुष्य खतरा मोल न ले, वह सफल नहीं हो सकता। मैं अपना सिर बचा सकता हूँ।' तेनालीराम के स्वर में आत्मविश्वास था।

राज्यप्रमुख ने उसे यह भी बताया कि प्रधानमंत्री भी गुणी व्यक्ति का आदर करते हैं, पर ऐसे लोगों के लिए उनके यहाँ स्थान नहीं है, जो अपनी सहायता आप नहीं कर सकते।

चार महीने की लंबी यात्रा के बाद तेनालीराम अपने परिवार के साथ विजयनगर पहुँचा। वहाँ की चमक-दमक देखकर तो वह दंग ही रह गया। चौड़ी-चौड़ी सड़कें, भीड़भाड़, हाथी-घोड़े, सजी हुई दुकानें और शानदार इमारतें—यह सब उसके लिए नई चीजें थीं।

उसने कुछ दिन ठहरने के लिए वहाँ एक परिवार से प्रार्थना की। वहाँ अपनी माँ, पत्नी और बच्चे को छोड़कर वह राजगुरु के यहाँ पहुँचा। वहाँ तो भीड़ का ठिकाना ही नहीं था। राजमहल के बड़े-से-बड़े कर्मचारी से लेकर रसोइया तक वहाँ जमा थे। नौकर-चाकर भी कुछ कम न थे। तेनालीराम ने एक नौकर को संदेश देकर भेजा कि उनसे कहो तेनाली गाँव से राम आया है।

नौकर ने वापस आकर कहा, 'राजगुरु ने कहा है कि वह इस नाम के किसी व्यक्ति को नहीं जानते।'

तेनालीराम बहुत हैरान हुआ। वह नौकरों को पीछे हटाता हुआ सीधे राजगुरु के पास पहुँचा, 'राजगुरु आपने मुझे पहचाना नहीं? मैं रामलिंग हूँ, जिसने मंगलगिरि में आपकी सेवा की थी।'

राजगुरु भला उसे कब पहचानना चाहता था। उसने नौकरों से चिल्लाकर कहा, 'मैं नहीं जानता, यह कौन आदमी है, इसे धक्के देकर बाहर निकाल दो।'

नौकरों ने तेनालीराम को धक्के देकर बाहर निकाल दिया। चारों ओर खड़े लोग यह दृश्य देखकर ठहाके लगा रहे थे। उसका ऐसा अपमान कभी नहीं हुआ था। उसने मन-ही-मन फैसला किया कि राजगुरु से वह अपने अपमान का बदला अवश्य लेगा। लेकिन इससे पहले राजा का दिल जीतना आवश्यक था।

दूसरे दिन वह राजदरबार में जा पहुँचा। उसने देखा कि वहाँ बड़े जोरों का वाद-विवाद हो रहा है। संसार क्या है? जीवन क्या है? ऐसी बड़ी-बड़ी बातों पर बहस हो रही थी। एक पंडित ने अपने विचार प्रकट करते हुए कहा, 'यह संसार एक धोखा है। हम जो देखते-सुनते हैं, महसूस करते हैं, चखते या सूँघते हैं, केवल हमारे विचार में है। असल में यह सब कुछ नहीं होता, लेकिन हम सोचते हैं कि होता है।'

'क्या सचमुच ऐसा है?' तेनालीराम ने कहा।

'यही बात हमारे शास्त्रों में भी कही गई है।' पंडितजी ने थोड़ी ऐंठ दिखाते हुए हैरान होकर पूछा।

और सब लोग चुप बैठे थे। शास्त्रों ने जो कहा है, वह झूठ कैसे हो सकता है। लेकिन तेनालीराम शास्त्रों से अधिक अपनी बुद्धि पर विश्वास करता था। उसने वहाँ बैठे सभी लोगों से कहा, 'यदि ऐसी बात है तो हम क्यों न पंडितजी के इस विचार की सच्चाई जाँच लें। हमारे उदार महाराज की ओर से आज दावत दी जा रही है, वहाँ हम जी-भरकर खाएँगे। पंडितजी से प्रार्थना है कि वह बैठे रहें और सोचें कि वह भी खा रहे हैं।'

तेनालीराम की बात पर जोर का ठहाका लगा। पंडितजी की सूरत देखते ही बनती थी। महाराज तेनालीराम पर इतने प्रसन्न हुए क उसे स्वर्ण मुद्राओं की एक थाली भेंट की और उन्होंने उसी समय तेनालीराम को राजविदूषक बना दिया। सब लोगों ने तालियाँ बजाकर महाराज की इस घोषणा का स्वागत किया, उनमें राजगुरु भी था।

हिसाब-किताब

तेनालीराम राजगुरु के व्यवहार को भूला नहीं था। उसने मन-ही-मन निश्चय कर लिया था कि एक दिन वह राजगुरु से हिसाब-किताब अवश्य चुकाएगा। वह उचित अवसर की तलाश में रहने लगा।

उसे पता चला कि राजगुरु प्रतिदिन सवेरे चार बजे नगर से तीन मील दूर तुंगभद्रा नदी पर नहाने जाते हैं। एक दिन तेनालीराम सवेरे वहीं जा पहुँचा। राजगुरु नदी में स्थान कर रहे थे। उसने किनारे पर पड़े राजगुरु के कपड़े छिपा दिए। नहाने के बाद राजगुरु जब बाहर निकले तो देखा कि कपड़े नहीं हैं और पास ही तेनालीराम खड़ा है। उसने पूछा, 'रामलिंग, मेरे कपड़े कहाँ हैं?'

'ओह, तो आपको मेरा नाम याद आ गया है?' तेनालीराम ने कहा।

'मेरे कपड़े...?'

'कपड़े? कैसे कपड़े? मैं कुछ नहीं जानता।'

'तुम जो भी कहोगे, मैं करने को तैयार हूँ। मेरे कपड़े मुझे दे दो।'

'जो कहूँगा करोगे?'

'हाँ करूँगा।'

'तुम्हें मुझे अपने कंधे पर बिठाकर राजमहल के आँगन तक ले चलना होगा। बोलो मंजूर है?'

'मंजूर है।' धीमी आवाज में राजगुरु ने कहा।

तेनालीराम ने उसके कपड़े वापस कर दिए। कपड़े पहनकर राजगुरु ने वायदे के अनुसार तेनालीराम को अपने कंधे पर बिठाया और ले चला। जब राजगुरु नगर में पहुँचा, तो यह विचित्र दृश्य देखकर लोग हँसते-खिलखिलाते, तालियाँ बजाते उसके पीछे हो लिए। जब यह अनोखा जुलूस राजमहल के पास पहुँचा तो शोर सुनकर राजा अपने कमरे से बाहर छज्जे पर आ गए। उसने देखा कि राजगुरु तेनालीराम को कंधे पर उठाए हुए आ रहा है। लज्जा में उनका सिर झुका हुआ है और थकान से पसीना-पसीना हुआ जा रहा है। कंधे पर बैठा तेनालीराम खिलखिलाकर हँस रहा था।

राजगुरु का यह अपमान देखकर राजा को बड़ा क्रोध आया। उसने अपने दो अंगरक्षकों को कहा, 'नीचे आँगन में जाओ। वहाँ एक आदमी दूसरे के कंधों पर चढ़ा हुआ है। ऊपर चढ़े आदमी को नीचे गिरा दो और मुक्कों

और लातों से उसकी पिटाई करो। जो व्यक्ति उसे उठाए हुए है, उसे मेरे पास ले आओ।'

इधर तेनालीराम ने देख लिया था कि राजा ने अपने दो अंगरक्षकों को बुलाकर कुछ आदेश दिया है। वह समझ गया कि राजा ने क्या कहा होगा। वह झट से राजगुरु के कंधे से उतरकर उसके पैरों में गिर गया।

'राजगुरु यह मैंने आपके साथ क्या किया? न जाने मेरी बुद्धि को क्या हो गया था? आप जैसे महापुरुष के साथ इतना बुरा व्यवहार! मुझे क्षमा कर दीजिए। आप तो बहुत उदार हैं। अब तो एक ही प्रायश्चित है, जो मुझे करना चाहिए। मैं आपको अपने कंधों पर उठाकर ले चलूँ।' कहकर तेनालीराम ने राजगुरु को अपने कंधों पर उठा लिया।

तेनालीराम अभी कुछ ही कदम चला था कि राजा के अंगरक्षक आ पहुँचे। उन्होंने बिना कुछ कहे-सुने राजगुरु को नीचे गिरा दिया और घूसों तथा लातों से उनकी खूब पिटाई की। तेनालीराम को पकड़कर वह राजा के पास ले गए।

घायल राजगुरु की समझ में नहीं आ रहा था कि यह सब क्या हुआ, कैसे हुआ?

जब अंगरक्षक तेनालीराम को लेकर राजा के पास पहुँचे, तो वह बहुत हैरान हुआ।

उसने पूछा, 'इसे यहाँ क्यों ले आए हो? मैंने तो तुम्हें इसकी पिटाई का आदेश दिया था। दूसरा आदमी कहाँ है, जो इसे कंधों पर उठाए हुए था?'

'महाराज, आपका आदेश था कि कंधे पर चढ़े हुए व्यक्ति की पिटाई की जाए और उठानेवाले व्यक्ति को आपकी सेवा में उपस्थित किया जाए। हमने आपके आदेश का पूर्णतया पालन किया है।' एक अंगरक्षक सिर झुकाए बोला।

'क्या मतलब? यह आदमी उस दूसरे व्यक्ति को उठाए हुए था? तुमने उस व्यक्ति की पिटाई की और इसे यहाँ ले आए?' राजा ने आश्चर्य से पूछा।

'जी, महाराज!' अंगरक्षक ने उत्तर दिया।

'ओह, यह व्यक्ति बेहद चालाक है। इसने मेरे आदेश का पहले से ही अनुमान लगा लिया होगा।' राजा कृष्णदेव राय ने क्रोधित होते हुए कहा, 'इसे ले जाओ और मौत के घाट उतार दो। प्रमाण के रूप में खून से सनी

तलवार अंगरक्षकों के सरदार को दिखा देना। इसने राजगुरु के कंधे पर बैठकर उनका अपमान ही नहीं किया, उन्हें घूँसें और लातें भी खानी पड़ीं। ले जाओ इसे।'

उस समय वहाँ के दो दरबारी भी खड़े थे। हालाँकि वे ऊपर से गंभीर मुँह बनाए रहे किंतु चुगलखोर राजगुरु से असल में किसी को हमदर्दी न थी।

जब अंगरक्षक तेनालीराम को लेकर चले, तो दोनों दरबारी भी पीछे-पीछे हो लिए। उन्होंने राजगुरु की दुर्गति की कहानी तेनालीराम से सुनी। तेनालीराम ने उनसे मित्रता की कि वे किसी तरह उसकी जान बचा लें।

उन्होंने इस बात का प्रबंध कर दिया। तेनालीराम ने दस-दस स्वर्ण मुद्राएँ दोनों अंगरक्षकों को उस थैली में से दीं, जो उसे राजा ने भेंट की थी। उसने दरबारियों और अंगरक्षकों से प्रतिज्ञा की कि वह शहर छोड़कर चला जाएगा। वहाँ से छूटकर वह अपने घर में जाकर छिपा रहा।

इधर अंगरक्षकों ने तलवार से एक बकरा काट दिया और उसके खून से भीगी हुई तलवार ले जाकर अपने सरदार को दिखा दी, जिसने राजा को समाचार दे दिया कि उनकी आज्ञा का पालन कर दिया गया है।

अगले दिन तेनालीराम ने अपनी माँ और पत्नी को राजा के यहाँ भेज दिया। दोनों रोती-चिल्लाती राजा के पास जा खड़ी हुईं।

'क्या बात है, तुम दोनों क्यों रो रही हो?' राजा ने पूछा।

'महाराज, एक छोटे से अपराध के लिए आपने मेरे बेटे तेनालीराम को मृत्युदंड दे दिया। उसके दुनिया से चले जाने से मेरा तो बुढ़ापे का सहारा ही छिन गया।' रोते-रोते तेनालीराम की माँ ने कहा।

'मेरे पति, मेरे नन्हे से बच्चे के पिता अब नहीं रहे। अब इस परदेश में मेरा और मेरे बच्चे का कौन आसरा है?' तेनालीराम की पत्नी भी फूट-फूटकर रो रही थी।

राजा को उन पर दया आ गई और उन्होंने आज्ञा दी—इन्हें हर महीने दस स्वर्ण मुद्राएँ दी जाएँ, जिनसे ये दोनों अपना और बच्चे का पेट पाल सकें।'

वापस जाकर माँ और पत्नी ने तेनालीराम को यह बात बताई। हँसता हुआ तेनालीराम बोला, 'मैंने अपने प्राण बचाने के लिए जो बीस स्वर्ण मुद्राएँ अंगरक्षकों को दी थीं, वे अब दो महीनों में वसूल हो जाएँगी।'

तेनालीराम ने अपना हिसाब बराबर कर लिया था।

भटकती आत्मा

तेनालीराम को मृत्युदंड दे दिया गया, यह समाचार आग की तरह शहर में फैल गया। कोई नहीं जानता था कि तेनालीराम जीवित है और अपने घर में छिपा हुआ है। लोगों में खुसर-फुसर होने लगी। छोटे से अपराध की इतनी बड़ी सजा? अंधविश्वासियों ने यह प्रचार करना भी शुरू कर दिया कि ब्राह्मण की आत्मा भटकती रहती है। इस पाप का प्रायश्चित होना चाहिए।

राजा की दोनों रानियों ने जब यह सुना तो वे भी डर गईं। उन्होंने राजा से कहा कि इस पाप से मुक्ति के लिए कुछ उपाय कीजिए। लाचार होकर राजा ने अपने राजगुरु और राज्य के चुने हुए एक सौ साठ ब्राह्मणों को विशेष पूजा करने का आदेश दिया ताकि तेनालीराम की आत्मा को शांति मिले।

पूजा नगर के बाहर बरगद के उस पेड़ के नीचे की जानी निश्चित हुई, जहाँ अपराधियों को मृत्युदंड दिया जाता था।

यह खबर तेनालीराम तक पहुँच गई। रात होने से पहले ही वह उस बरगद के पेड़ पर जा बैठा। उसने सारा शरीर लाल मिट्टी से रंग लिया और चेहरे पर धुएँ की कालिख पोत ली। इस तरह उसने भटकती आत्मा का रूप बना लिया। रात में ब्राह्मणों ने छोटी-छोटी लकड़ियों से आग जलाई। उसके सामने बैठकर न जाने वे कौन-कौन से मंत्र पढ़ने लगे। वे जल्दी से पूजा समाप्त करके घर जाकर अपने आरामदेह बिस्तरों पर सोना चाहते थे।

जल्दी-जल्दी मंत्र पढ़कर उन्होंने तेनालीराम की भटकती आत्मा को पुकारा, 'तेनालीराम की भटकती आत्मा!'

'आहा!' उन्हें उत्तर मिला। ब्राह्मणों की सिटटी-पिटटी गुम, उनके पाँव डर के मारे जैसे जमीन से ही चिपक गए थे। उनमें खुसर-फुसर होने लगी, 'भटकती आत्मा ने सचमुच उत्तर दिया है। हमें तो इस बात की आशा बिल्कुल नहीं थी।'

असल में तो वे लोग पूजा की खाना-पूरी करके राजा से कुछ रुपया ऐंठने के चक्कर में थे। उन्होंने सोचा भी न था कि तेनालीराम सचमुच भटकती आत्मा बन गया होगा।

एकाएक अजीब-सी गुर्राहट के साथ तेनालीराम पेड़ से कूदा। ब्राह्मणों ने उसकी भयानक सूरत देखी तो डर के मारे चीखते-चिल्लाते सिर

पर पाँव रखकर भागे। आगे-आगे राजगुरु और पीछे-पीछे दूसरे ब्राह्मण।

राजा ने उन सबसे जब यह कहानी सुनी तो वह बहुत हँसा, 'तुम लोग तो बड़ी-बड़ी बातें बनाना ही जानते हो। जिस भटकती आत्मा को शांत करने के लिए तुम्हें भेजा था, उसी से डरकर भाग आए?'

ब्राह्मण सिर झुकाए खड़े रहे।

'विचित्र बात तो यह है कि इस भटकती आत्मा ने मुझे दर्शन नहीं दिए। तुम लोगों को ही दिखाई दिया।' राजा ने कहा, 'जो हुआ सो हुआ। अब जो भी व्यक्ति इस भटकती आत्मा से मुक्ति दिलवाएगा, उसे एक हजार स्वर्ण-मुद्राएँ दी जाएँगी।'

राजा की घोषणा के तीन दिन बाद एक बूढ़ा संन्यासी राजदरबार में उपस्थित हुआ। उसकी दाढ़ी बगले के पंख की तरह सफेद थी।

उसने कहा, 'महाराज, मैं इस भटकती आत्मा से आपको मुक्ति दिला सकता हूँ। शर्त यह है कि जब आपको संतोष हो जाए कि भटकती आत्मा नहीं रही, तो आपको मुझे मुँहमाँगी चीज देनी होगी।'

'अगर वह चीज हमारे सम्मान और प्रजा के लिए हानिकार न हो तो हमें कोई आपत्ति नहीं।' राजा ने कहा।

'मैं ऐसी ही वस्तु माँगूँगा, जो आपके सम्मान और प्रजा के लिए हानिकारक न हो।' संन्यासी ने कहा।

'ठीक है, इस भटकती आत्मा से तो मुक्ति दिलवाइए ही, साथ ही उस ब्राह्मण की हत्या के पाप से मुझे छुटकारा दिलाइए, जो बेचारा मेरे क्रोध के कारण मारा गया, हालाँकि उसका अपराध छोटा-सा ही था।' राजा ने कहा।

'आप चिंता न करें, मेरे उपाय के बाद आपको ऐसा लगेगा जैसे ब्राह्मण मरा ही नहीं।' संन्यासी बोला।

'क्या?' राजा ने हैरान होकर पूछा, 'क्या आप उस विदूषक को दोबारा जीवित कर सकते हैं?'

'आप चाहें तो ऐसा कर सकता हूँ।' संन्यासी ने उत्तर दिया।

'ऐसा हो सके तो और क्या चाहिए!' राजा ने कहा, यद्यपि उसे विश्वास नहीं हो रहा था कि ऐसा होता है।

राजगुरु पास ही बैठा था, बोला, 'लेकिन महाराज, कभी मुर्दे भी जीवित हुए हैं? और फिर उस मसखरे को जीवित करने से लाभ ही क्या

है? वह फिर अपनी शरारतों पर उतर आएगा और आपसे दोबारा मौत की सजा पाएगा।'

'कुछ भी हो, हम यह चमत्कार अवश्य देखना चाहते हैं और फिर हमारे मन पर जो बोझ है, वह भी तो उतर जाएगा। संन्यासी जी, आप यह उपाय कब करना चाहेंगे?' राजा ने कहा।

'अभी और यहीं।' संन्यासी ने उत्तर दिया।

'लेकिन भटकती आत्मा यहाँ नहीं, बरगद के उस पेड़ के ऊपर है। महाराज, मुझे तो लगता है कि संन्यासी कोरी बातें ही करना जानता है, इसके बस का कुछ नहीं है।' राजगुरु ने राजा से कहा।

'राजगुरुजी, जो मैं कह रहा हूँ वह करके दिखा सकता हूँ। आप ही कहिए, यदि मैं उस ब्राह्मण को ही आपके सामने जीवित करके दिखा दूँ तो क्या भटकती आत्मा शेष रहेगी?' संन्यासी बोला।

'बिलकुल नहीं।' राजगुरु ने उत्तर दिया।

'तो फिर लीजिए, देखिए चमत्कार।' संन्यासी ने अपने गेरुए वस्त्र और नकली दाढ़ी उतार दी। अपनी सदा की पोशाक में तेनालीराम राजा और राजगुरु के सामने खड़ा था।

दोनों हैरान थे। उन्हें अपनी आँखों पर विश्वास नहीं हो रहा था। तेनालीराम ने तब राजा को पूरी कहानी सुनाई। उसने राजा को याद दिलाया, 'आपने मुझे मुँह-माँगा इनाम देने का वायदा किया है। आप उन अंगरक्षकों को क्षमा कर दीजिए, जिन्हें मुझे मारने के लिए भेजा गया था।'

राजा ने हँसते हुए कहा, 'ठीक है, साथ ही तुम्हें एक हजार स्वर्ण-मुद्राओं की थैली भी भेंट की जाती है। और हाँ, वह जो दस स्वर्ण-मुद्राएँ तुम्हारी माँ और पत्नी को देने का मैंने आदेश दिया था, उसे वापस लेता हूँ, नहीं तो कोषाध्यक्ष मेरी नाक में दम कर देगा।'

यह कहकर राजा कृष्णदेव राय ने जोर का एक ठहाका लगाया।

उपहार

विजयनगर के राजा कृष्णदेव राय के दरबार में एक दिन पड़ोसी देश का दूत आया। यह राजा कृष्णदेव राय के लिए अनेक उपहार भी लाया था।

विजयनगर के राजदरबारियों ने दूत का खूब स्वागत-सत्कार किया। तीसरे दिन जब दूत अपने देश जाने लगा तो राजा कृष्णदेव राय ने भी अपने पड़ोसी देश के राजा के लिए कुछ बहुमूल्य उपहार दिए।

राजा कृष्णदेव राय उस दूत को भी उपहार देना चाहते थे, इसलिए उन्होंने दूत से कहा, 'हम तुम्हें भी कुछ उपहार देना चाहते हैं। सोना-चाँदी, हीरे, रत्न, जो भी तुम्हारी इच्छा हो, माँग लो।'

'महाराज, मुझे यह सब कुछ नहीं चाहिए। यदि देना चाहते हैं तो कुछ और दीजिए।' दूत बोला।

'तुम्हारी इच्छा क्या है?' महाराज ने पूछा।

'महाराज, मुझे ऐसा उपहार दीजिए, जो सुख में और दुख में सदा मेरे साथ रहे और जिसे मुझसे कोई छीन न पाए।'

यह सुनकर राजा कृणदेव राय चकरा गए। उन्होंने उत्सुक नजरों से दरबारियों की ओर देखा। सबके चेहरों पर परेशानी के भाव दिखाई दे रहे थे। किसी की भी समझ में नहीं आ रहा था कि ऐसा कौन-सा उपहार हो सकता है?

तभी राजा कृष्णदेव राय को तेनालीराम की याद आई। वह दरबार में ही मौजूद था। राजा ने तेनालीराम से पूछा, 'क्या तुम ला सकते हो ऐसा उपहार जैसा दूत ने माँगा है?'

'अवश्य महाराज, दोपहर को जब यह महाशय यहाँ से प्रस्थान करेंगे, वह उपहार इनके साथ ही होगा।'

नियत समय पर दूत अपने देश को जाने के लिए तैयार हुआ। सारे उपहार उसके रथ में रखवा दिए गए।

जब राजा कृष्णदेव राय दूत को विदा करने लगा तो दूत बोला, 'महाराज, मुझे वह उपहार तो मिला ही नहीं, जिसका आपने मुझसे वायदा किया था।'

राजा कृष्णदेव राय ने तेनालीराम की ओर देखा और बोले,

'तेनालीराम, तुम लाए नहीं वह उपहार?'

इस पर तेनालीराम हँसकर बोला, 'महाराज, वह उपहार तो इस समय भी इनके साथ ही है। लेकिन यह उसे देख नहीं पा रहे हैं। इनसे कहिए कि जरा पीछे पलटकर देखें।'

दूत ने पीछे मुड़कर देखा, मगर उसे कुछ भी नज़र न आया। वह बोला, 'कहाँ है वह उपहार? मुझे तो नहीं दिखाई दे रहा।'

तेनालीराम मुस्कराए और बोले, 'जरा ध्यान से देखिए दूत महाशय, वह उपहार आपके पीछे ही है—आपका साया अर्थात् आपकी परछाई। सुख में, दुख में, जीवन-भर यह आपके साथ रहेगा और इसे कोई भी आपसे नहीं छीन सकेगा।'

यह बात सुनते ही राजा कृष्णदेव राय की हँसी छूट गई। दूत भी मुस्करा पड़ा और बोला, 'महाराज, मैंने तेनालीराम की बुद्धिमत्ता की काफी तारीफ सुनी थी, आज प्रमाण भी मिल गया।'

तेनालीराम मुस्कुराकर रह गया।

कुबड़ा धोबी

तेनालीराम ने कहीं सुना था कि एक दुष्ट आदमी साधु का भेष बनाकर लोगों को अपने जाल में फँसा लेता है। उन्हें प्रसाद में धतूरा खिला देता है। यह काम वह उनके शत्रुओं के कहने पर धन के लालच में करता था। धतूरा खाकर कोई तो मर जाता और कोई पागल हो जाता।

उन दिनों भी उसके धतूरे के प्रभाव से एक व्यक्ति पागल होकर नगर की सड़कों पर घूमा करता था। लेकिन धतूरा खिलाने वाले व्यक्ति के विरुद्ध कोई प्रमाण नहीं था। इसलिए वह खुलेआम सीना तानकर चला करता। तेनालीराम ने सोचा कि ऐसे व्यक्ति को अवश्य दंड मिलना चाहिए।

एक दिन जब वह दुष्ट व्यक्ति शहर की सड़कों पर आवारागर्दी कर रहा था, तो तेनालीराम उसके पास गया और उसे बातों में उलझाए रखकर उस पागल के पास ले गया, जिसे धतूरा खिलाया गया था। वहाँ जाकर चुपके से तेनालीराम ने उसका हाथ पागल के सिर पर दे मारा। उस पागल ने आव देखा न ताव, उस आदमी के बाल पकड़कर उसका सिर पत्थर पर टकराना

शुरू कर दिया। पागल तो था ही, उसने उसे इतना मारा कि वह पाखंडी साधु मर गया।

मामला राजा तक पहुँचा। राजा ने पागल को तो छोड़ दिया, लेकिन क्रोध में तेनालीराम को यह सजा दी कि इसे हाथी के पाँवों से कुचलवाया जाए, क्योंकि इसी ने इस पागल का सहारा लेकर साधु के प्राण ले लिए।

दो सिपाही तेनालीराम को शाम के समय एक सुनसान एकांत स्थान पर ले गए और उसे गरदन तक जमीन में गाड़ दिया। इसके बाद वे हाथी लेने चले गए। उन्होंने सोचा कि अब यह बच भी कैसे सकता है?

कुछ देर बाद वहाँ से एक कुबड़ा धोबी निकला। उसने तेनालीराम से पूछा, 'क्यों भाई यह क्या तमाशा है? तुम इस तरह जमीन में क्यों गड़े हो?'

तेनालीराम ने कहा, 'कभी मैं भी तुम्हारी तरह कुबड़ा था, पूरे दस साल मैं इस कष्ट से दुखी रहा। जो देखता वही मुझ पर हँसता। यहाँ तक कि मेरी पत्नी भी। आखिर एक दिन अचानक मुझे एक महात्मा मिल गए। वह मुझसे बोले, 'इस पवित्र स्थान पर पूरा एक दिन आँख बंद किए और बिना एक शब्द भी बोले गरदन तक खड़े रहोगे तो तुम्हारा कष्ट दूर हो जाएगा। मिट्टी खोदकर मुझे बाहर निकालकर तो जरा देखो कि मेरा कूबड़ दूर हो गया है कि नहीं?'

धोबी ने उसके चारों ओर की मिट्टी खोदी। जब तेनालीराम बाहर निकला तो धोबी बहुत हैरान हुआ। सचमुच कूबड़ का कहीं नाम निशान तक नहीं था। वह तेनालीराम से बोला, 'सालों हो गए इस कूबड़ के बोझ को पीठ पर लादे हुए। मैं क्या जानता था कि इसका इलाज इतना आसान है। मुझ पर इतनी कृपा करो, मुझे यहीं गाड़ दो। मेरे ये कपड़े धोबी मुहल्ले जाकर मेरी बीवी को दे देना और उससे कहना कि वह सवेरे मेरा नाश्ता ले आए। मैं तुम्हारा यह अहसान जीवन-भर नहीं भूलूँगा। और, हाँ मेरी बीवी को यह मत बताना कि कल तक मेरा कूबड़ ठीक हो जाएगा। मैं कल उसे हैरान करना चाहता हूँ।'

'बहुत अच्छा।' तेनालीराम ने धोबी से कहा और उसे गरदन तक गाड़ दिया। फिर उसके कपड़े बगल में दबाकर बोला, 'अच्छा, तो मैं चलता हूँ। अपनी आँखें बंद रखना और मुँह भी, चाहे कुछ भी क्यों न हो जाए। नहीं तो सारी मेहनत बेकार हो जाएगी और यह कूबड़ बढ़कर दो गुना हो जाएगा।'

'चिंता मत करो, मैंने कूबड़ के कारण बड़े दुख उठाए हैं। इसे दूर करने के लिए मैं कुछ भी करने को तैयार हूँ।' धोबी ने कहा।

तेनालीराम चलता बना।

कुछ देर बाद राजा के सिपाही एक हाथी लेकर पहुँचे और धोबी का सिर उसके पाँवों तले कुचलवा दिया। सिपाहियों को पता ही नहीं चला कि यह कोई और व्यक्ति है।

सिपाही तेनालीराम की मृत्यु का समाचार लेकर राजा के पास पहुँचे। तब तक उनका क्रोध शांत हो गया था और वे दुखी थी, क्योंकि उन्होंने तेनालीराम को मृत्युदंड क्यों दिया तब तक उस पाखंडी साधु के बारे में भी उन्हें काफी कुछ पता चल चुका था।

वह सोच रहे थे, 'बेचारे तेनालीराम को बेकार ही अपनी जान गँवानी पड़ी। उसने तो एक ऐसे अपराधी को दंड दिया था, जिसे मेरे पुलिस अधिकारी भी नहीं पकड़ सके थे।'

अभी राजा सोच में ही डूबे थे कि तेनालीराम दरबार में आ पहुँचा और बोला, 'महाराज की जय हो!'

राजा भी भौंचक्के से उसके चेहरे की ओर देख रहे थे।

तेनालीराम ने राजा कृष्णदेव राय को सारी कहानी कह सुनाई। राजा ने उसे क्षमा कर दिया।

राजा का उधार

एक बार तेनालीराम की पत्नी बीमार पड़ी। उसने राजा कृष्णदेव राय से एक सौ स्वर्ण-मुद्राएँ उधार लीं। जब पत्नी की बीमारी समाप्त हो गई तो राजा ने तेनालीराम को उधार चुकाने के लिए कहा। तेनालीराम ने बात टाल दी।

राजा ने सोचा, 'तेनालीराम की नीयत ठीक नहीं है। उसके घर जाकर ही अपना उधार वसूल किया जाए। जब राजा घर पहुँचे तो वहाँ उन्होंने देखा कि तेनालीराम बिस्तर पर पड़ा है और उसकी माँ और पत्नी जोर-जोर से रो रही हैं।

'क्या हुआ इसे?' राजा ने पूछा।

'महाराज, अब यह नहीं बचेंगे, लेकिन यह बड़े कष्ट में हैं। कहते हैं कि जब तक मुझ पर राजा का उधार है, मेरे प्राण चैन से नहीं निकलेंगे।' तेनालीराम की पत्नी ने कहा।

राजा बोले, 'मैंने उधार छोड़ दिया, तेनालीराम। सच तो यह है कि मैं ये मुद्राएँ वापस लेना ही नहीं चाहता।'

एकाएक तेनालीराम बिस्तर से नीचे आ गया और राजा के गले लग गया।

'हैं, हैं, यह क्या? मैं तो सोच रहा था कि तुम मरने वाले हो?' हैरान होकर राजा ने पूछा।

'सचमुच महाराज, आपके उधार के बोझ से दबकर तो मैं मर ही गया होता। यह तो आपने मुझे उबार लिया। आपने मुझे अवसर दिया है कि मैं आप जैसे कृपालु राजा की सेवा कर सकूँ।' तेनालीराम बोला।

इस पर राजा कृष्णदेव राय हँसते नहीं तो क्या करते?

उत्सव

एक बार राजा कृष्णदेव राय ने अपने दरबार में कहा, 'नया वर्ष आरंभ होने वाला है। मैं चाहता हूँ कि नए वर्ष पर जनता को कोई नई भेंट दी जाए, नया तोहफा दिया जाए। आप बताइए, वह भेंट क्या हो? वह तोहफा क्या हो?'

महाराज की यह बात सुनकर सभी दरबारी सोच में पड़ गए। तभी मंत्री महोदय कुछ सोचकर बोले, 'महाराज, नए वर्ष पर राजधानी में एक शानदार उत्सव मनाया जाए। देश-भर के संगीतकार, नाटक-मंडलियाँ और दूसरे कलाकार बुलवाए जाएँ और वे रंगारंग कार्यक्रम प्रस्तुत करें। जनता के लिए इससे बढ़कर नए वर्ष का उपहार और क्या हो सकता है?'

राजा कृष्णदेव राय को यह सुझाव बहुत पसंद आया।

उन्होंने मंत्री से पूछा, 'कितना खर्च आ जाएगा, इस आयोजन पर?'

'महाराज, कोई खास ज्यादा नहीं, यही दस-बीस लाख स्वर्ण-मुद्राएँ ही खर्च होंगी।' मंत्री ने उत्तर दिया।

'इतना खर्च? कैसे?' राजा कृष्णदेव राय महामंत्री का उत्तर सुनकर चौंके।

फिर मंत्री महोदय ने खर्च का ब्यौरा देते हुए कहा, 'महाराज, हजारों कलाकारों के खाने-पीने और रहने का प्रबंध करना होगा। नई रंगशालाएँ बनवाई जाएँगी। पुरानी रंगशालाओं की मरम्मत करानी होगी। शहर-भर में रोशनी और सजावट होगी। इन सब चीजों पर इतना खर्च तो हो ही जाएगा।'

मंत्री के इस ब्यौरे पर राजपुरोहित और अन्य सभासदों ने भी हाँ में हाँ मिलाई।

राजा कृष्णदेव राय इतने खर्च की बात सुनकर सोच में पड़ गए।

उन्होंने इस विषय में तेनालीराम की राय ली। तेनालीराम ने कहा, 'महाराज, उत्सव का विचार तो वास्तव में बहुत अच्छा है, मगर यह उत्सव राजधानी में नहीं होना चाहिए।'

'क्यों?' राजा कृष्णदेव राय ने पूछा।

दूसरे दरबारी भी तेनालीराम की ओर चिढ़कर देखने लगे।

'महाराज, उत्सव यदि केवल राजधानी में हो तो शेष राज्य की जनता को उसका क्या आनंद आएगा? गाँववाले अपना काम छोड़कर तो उत्सव देखने आएँगे नहीं। कलाकारों को राज्य के प्रत्येक गाँव और कस्बे में जाकर जनता का मनोरंजन करना चाहिए। कलाकारों की कला के माध्यम से जनता अपनी संस्कृति, अपने इतिहास को जानेगी तथा कलाकार संस्कृति की धरोहर रखनेवालों से परिचित होंगे साथ ही कलाकारों का स्वागत-सत्कार गाँव वाले करेंगे।' तेनालीराम ने कहा।

'तेनालीराम, तुम्हारी बात तो बिलकुल ठीक है। इसके लिए जितना धन चाहो, खजाने से ले लो।'

'धन! मगर किसलिए! यह तो जनता स्वयं खर्च करेगी। उन्हीं के लिए तो यह उत्सव कर रहे हैं। इस उत्सव का नाम 'मिलन-मेला' होगा। इस मेले में कलाकार जहाँ कहीं भी जाएँगे, उनके खाने-पीने और रहने का प्रबंध वे लोग स्वयं कर देंगे। हाँ, आने-जाने का प्रबंध हम कर देंगे। इस तरह बहुत कम खर्च आएगा, मगर इस उत्सव (मिलन-मेला) का आनंद सभी उठाएँगे।'

राजा कृष्णदेव राय को तेनालीराम की बात जँच गई। उन्होंने उत्सव का सारा काम तेनालीराम को सौंप दिया।

आयोजन की आड़ में अपना स्वार्थ सिद्ध करने वाले मंत्री और अन्य सभासदों के चेहरे उतर गए।

महाराज का आतिथ्य

विजयनगर के राजा कृष्णदेव राय जहाँ कहीं भी जाते, जब भी जाते, अपने साथ हमेशा तेनालीराम को अवश्य ले जाते थे। इस बात से अन्य दरबारियों को बड़ी चिढ़ होती थी। एक दिन तीन-चार दरबारियों ने मिलकर एकांत में महाराज से प्रार्थना की, 'महाराज, कभी अपने साथ किसी अन्य व्यक्ति को भी बाहर चलने का अवसर देने की कृपा करें।'

राजा को यह बात उचित लगी। उसने उन दरबारियों को विश्वास दिलाया कि वे भविष्य में अन्य दरबारियों को भी साथ घूमने-फिरने का अवसर अवश्य देंगे।

एक बार जब राजा कृष्णदेव राय भेष बदलकर कुछ गाँवों के भ्रमण को जाने लगे तो अपने साथ उन्होंने इस बार तेनालीराम को नहीं लिया बल्कि उसकी जगह दो अन्य दरबारियों को साथ ले लिया।

घूमते-घूमते वे एक गाँव के खेतों में पहुँच गए। खेत से हटकर एक झोंपड़ी थी, जहाँ कुछ किसान बैठे गपशप कर रहे थे। राजा और अन्य लोग उन किसानों के पास पहुँचे और उनसे पानी माँगकर पिया।.

फिर राजा ने किसानों से पूछा, 'कहो भाई लोगो, तुम्हारे गाँव में कोई व्यक्ति कष्ट में तो नहीं है? अपने राजा से कोई असंतुष्ट तो नहीं है?'

इन प्रश्नों को सुनकर गाँववालों को लगा कि वे लोग अवश्य ही राज्य के कोई अधिकारीगण हैं। वे बोले, 'महाशय, हमारे गाँव में खूब शांति है, चैन है। सब लोग सुखी हैं। दिन-भर कड़ी मेहनत करके अपना काम-काज करते हैं और रात को सुख की नींद सोते हैं। किसी को कोई दुख नहीं है। राजा कृष्णदेव राय अपनी प्रजा को अपनी संतान की तरह प्यार करते हैं, इसलिए राजा से असंतुष्ट होने का सवाल ही नहीं पैदा होता।'

'इस गाँव के लोग राजा को कैसा समझते हैं?' राजा ने एक और प्रश्न किया।

राजा के इस सवाल पर एक बूढ़ा किसान उठा और ईख के खेत में से एक मोटा-सा गन्ना तोड़ लाया।

उस गन्ने को राजा को दिखाता हुआ वह बूढ़ा किसान बोला, 'श्रीमान जी, हमारे राजा कृष्णदेव राय बिल्कुल इस गन्ने जैसे हैं।'

अपनी तुलना एक गन्ने से होती देख राजा कृष्णदेव राय सकपका

गए। उनकी समझ में यह बात बिल्कुल भी न आई कि इस बूढ़े किसान की बात का अर्थ क्या है? उनकी यह भी समझ में न आया कि इस गाँव के रहने वाले अपने राजा के प्रति क्या विचार रखते हैं?

राजा कृष्णदेव राय के साथ जो अन्य साथी थे, राजा ने उन साथियों से पूछा, 'इस बूढ़े किसान के कहने का क्या अर्थ है?'

साथी राजा का यह सवाल सुनकर एक-दूसरे का मुँह देखने लगे। फिर एक साथी ने हिम्मत की और बोला, 'महाराज, इस बूढ़े किसान के कहने का अर्थ यही है कि हमारे राजा इस मोटे गन्ने की तरह कमजोर हैं। उसे जब भी कोई चाहे, एक झटके में उखाड़ सकता है। जैसे कि मैंने यह गन्ना उखाड़ लिया है।'

राजा ने अपने साथी की इस बात पर विचार किया तो राजा को यह बात सही महसूस हुई।

वह गुस्से से भर गया और इस बूढ़े किसान से बोला, 'तुम शायद मुझे नहीं जानते कि मैं कौन हूँ।'

राजा की क्रोध से भरी वाणी सुनकर वह बूढ़ा किसान डर के मारे थर-थर काँपने लगा।

तभी झोंपड़ी में से एक अन्य बूढ़ा उठ खड़ा हुआ और बड़े नम्र स्वर में बोला, 'महाराज, हम आपको अच्छी तरह जान गए हैं, पहचान गए हैं, लेकिन हमें दुख इस बात का है कि आपके साथी ही आपके असली रूप को नहीं जानते। मेरे साथी किसान के कहने का मतलब यह है कि हमारे महाराज अपनी प्रजा के लिए तो गन्ने के समान कोमल और रसीले हैं किंतु दुष्टों और अपने दुश्मनों के लिए महानतम कठोर भी।' उस बूढ़े ने एक कुत्ते पर गन्ने का प्रहार करते हुए अपनी बात पूरी की।

इतना कहने के साथ ही उस बूढ़े ने अपना लबादा उतार फेंका और अपनी नकली दाढ़ी-मूँछें उतारने लगा।

उसे देखते ही राजा के साथी चौंक पड़े। 'हैं-हैं तेनालीराम, तुमने यहाँ भी हमारा पीछा नहीं छोड़ा।'

'तुम लोगों का पीछा कैसे छोड़ता भाई? अगर मैं पीछा न करता तो तुम इन सरल हृदय किसानों को मौत के घाट ही उतरवा देते। महाराज के दिल के शांत समुंदर में क्रोध का ज्वार पैदा करते, सो अलग।'

'तुम ठीक ही कह रहे हो, तेनालीराम। बेवकूफों का संग हमेशा

दुखदायी होता है। भविष्य में मैं कभी किसी के साथ नहीं जाऊँगा। तुम्हारे अलावा किसी और को साथ नहीं रखा करूँगा।'

उन सबकी आपस की बातचीत से गाँववालों को पता चल ही गया था कि उनकी झोंपड़ी पर स्वयं महाराज पधारे हैं और भेष बदलकर पहले से उनके बीच बैठा हुआ आदमी ही तेनालीराम है तो वे उनके स्वागत के लिए दौड़ पड़े।

कोई चारपाई उठवाकर लाया तो कोई गन्ने का ताजा रस निकालकर ले आया। गाँववालों ने बड़े ही दिल से अपने मेहमानों का स्वागत किया। उनकी आवभगत की।

राजा कृष्णदेव राय उन ग्रामवासियों का प्यार देखकर आत्मविभोर हो गए।

तेनालीराम की चोट से आहत हुए दरबारी मुँह लटकाए हुए जमीन कुरेदते रहे और तेनालीराम एक ओर बैठा मंद-मंद मुस्कराता रहा।

तेनालीराम का शक

राजा कृष्णदेव राय उन दिनों रायचूर, बीजापुर और गुलबर्गा पर आक्रमण करने की तैयारी कर रहे थे। उन्होंने राज्यपाल से कहा कि वे सेना के लिए आदमी और धन इकट्ठा करके भेजें ताकि शत्रु का सिर पूरी तरह कुचल दिया जाए।

उड़ीसा के राजा को तो वह हरा ही चुके थे। अब उत्तर के मुसलमान राज्यों की बारी थी। उनकी तैयारियाँ, सेना की शक्ति और साधन देखकर बीजापुर का सुलतान चिंता में पड़ गया। अगर कृष्णदेव राय ने हमला कर दिया, तो सल्तनत बचाना असंभव होगा। उसने एक मुसलमान जासूस, राजा साहब को ब्राह्मण के भेष में राजा अय्यर बनाकर विजयनगर भेजा ताकि वह राजा का विश्वास प्राप्त करे और सही अवसर हाथ आते ही राजा को मार डाले।

सुलतान ने सोचा कि अगर राजा को मार डाला गया तो इस साल हमला नहीं हो सकेगा और राजा की मौत से जो आपाधापी मचेगी, उसका

लाभ उठाकर विजयनगर पर धावा बोला जा सकता है।

राजा साहब असल में मथुरा का रहनेवाला था और काफी पढ़ा-लिखा था। वह मथुरा के सुलतानों का वंशज था, जिन्हें विजयनगर के राजाओं ने खदेड़ दिया था। राजा साहब के लिए अपने पूर्वजों की पराजय का बदला लेने का यह अच्छा मौका था। वह कट्टर मुसलमान था। उसका रंग काला था और वह तमिल ब्राह्मणों के रीति-रिवाजों से अच्छी तरह परिचित था। तमिल ब्राह्मण का भेष बनाकर वह विजयनगर के दरबार में पहुँचा। वहाँ वह शुद्ध संस्कृत बोलता, वेदों का पाठ करता, शास्त्रों, पुरणों और नाटकों के अंश सुनाया करता। राजा कृष्णदेव राय विद्वानों का आदर तो करते ही थे। नकली राजा अय्यर ने दरबार में एक विशेष स्थान बना लिया। उसे दिन या रात किसी भी समय राजा के महल में जाने की आज्ञा मिल गई।

शुरू में तो वह सावधान रहा, लेकिन धीरे-धीरे वह महल के अंदर के कमरों में आने-जाने लगा। वह ऐसे स्थान की तलाश में था, जहाँ मौका पाकर वह राजा पर प्रहार कर सके। एक समस्या यह भी थी कि राजा जहाँ भी आता जाता, कुछ लोग हमेशा उसके साथ रहते थे। ऐसे अवसर पर पकड़ लिए जाने का डर था। तेनालीराम हर समय राजा के साथ रहता था, इसलिए राजा अय्यर को उससे बड़ी चिढ़ थी। तेनालीराम को भी वह अच्छा नहीं लगता था। उसे संदेह हो गया था कि हो न हो राजा अय्यर मुसलमान जासूस है। वह उसे फँसाने की चाल सोचने लगा।

एक दिन अचानक तेनालीराम ने राजा के सामने ही राजा अय्यर से पूछ लिया, 'तुम्हारा वेद और गोत्र कौन-सा है....?'

'कृष्णा यजुर्वेद और संस्कृति गोत्र।' झट से राजा अय्यर ने उत्तर दिया।

अय्यर के जाने पर राजा ने तेनालीराम से पूछा, 'तुमने उससे यह प्रश्न क्यों किया?'

'महाराज, मुझे शक है कि यह आदमी मुसलमान जासूस है। इस पर भरोसा करने से पहले इसे परख लेना चाहिए। गलत आदमी पर की गई कृपा बहुत नुकसान पहुँचाती है।'

'क्या बकते हो? क्या अब भी तुम्हारा शक दूर नहीं हुआ? वह तुमसे अधिक शुद्ध संस्कृत बोलता है और पूजा-पाठ भी तुमसे अधिक नियम से करता है।' राजा ने कहा।

'इससे क्या होता है?' तेनालीराम बोला, 'बाहर का आदमी सदा हमारी भाषा को अधिक शुद्ध बोलने का प्रयत्न करेगा। पूजा-पाठ का दिखावा करने की भी उसी को अधिक आवश्यकता है।'

'तुम्हारी बात में कुछ दम तो है, पर मुझे विश्वास नहीं होता। मुझ अकेले को मारकर सुल्तान को क्या मिलेगा? मेरे मरने पर भी मेरे लाखों सिपाही तो जीवित रहेंगे।' राजा ने कहा।

'एक शेर लाखों भेड़ों से अधिक ताकतवर होता है। और फिर आपके न होने से सेना में फूट पड़ जाएगी। इससे शत्रु को हमें कुचलने का अवसर मिल जाएगा। अगर महाराज आज्ञा दें तो मैं सिद्ध कर सकता हूँ कि यह आदमी शत्रु का जासूस है।' तेनालीराम ने कहा।

'वह कैसे?' राजा ने पूछा।

'एक बहुत ही सरल उपाय है, जिससे उसकी पोल खुल सकती है।' तेनालीराम ने कहा।

'मेरी ओर से तुम्हें आज्ञा है; लेकिन तुम जो भी करना चाहते हो, तुम्हें मेरे सामने करना पड़ेगा। जब तक उसका अपराध सिद्ध न हो जाए, उस पर आँच नहीं आनी चाहिए।' राजा बोले।

उस रात जब राजा अय्यर अपने कमरे में घोड़े बेचकर सो रहा था, तेनालीराम राजा कृष्णदेव राय के साथ वहाँ पहुँचा और जोंकों से भरी ठंडे पानी की बाल्टी उस पर उँडेल दी। एकाएक राजा अय्यर चिल्लाता हुआ उठ बैठा, 'या अल्लाह! या अल्लाह!'

क्रोध में आकर उसने तलवार निकाल ली। वह तेनालीराम पर प्रहार करना ही चाहता था कि राजा कृष्णदेव राय ने तलवार निकालकर उसका सिर धड़ से अलग कर दिया।

इस तरह तेनालीराम ने अपनी समझदारी से महाराजा कृष्णदेव राय की जान बचा ली।

मकान का दान

एक बार राजा कृष्णदेव राय ने तेनालीराम से कहा, 'धनी आदमी को चाहिए कि वह दान करता रहे। जो दूसरों के लिए कुछ नहीं करता, वह भी कोई मनुष्य है? इतने धनवान हो, किसी ब्राह्मण को एक मकान ही दे डालो।'

'जैसा महाराज चाहें।' तेनालीराम ने कहा।

उसने एक सुंदर-सा, छोटा-सा मकान बनवाया, जिसके चारों ओर फूलों का बाग था। उसके मुख्यद्वार पर उसने यह घोषणा लिखवा दी।' यह मकान उस ब्राह्मण को दे दिया जाएगा, जिसे अपने हाल पर संतोष होगा।'

बहुत दिनों तक मकान का दान पाने कोई नहीं आया। अंत में एक ब्राह्मण ने आकर तेनालीराम से कहा, 'मैं अपने हाल पर बिल्कुल संतुष्ट हूँ, इसलिए यह मकान मुझे दान दे दीजिए।'

'तुम केवल लालची ही नहीं, झूठे और मूर्ख भी हो। तुम्हें सीधे-सादे शब्दों का अर्थ भी नहीं मालूम। अगर तुम्हें अपने हाल पर संतोष होता, तो तुम यह मकान माँगने आते ही क्यों? तुम्हें मकान दान करके अपने वचनों से फिरना पड़ेगा और फिर यह दुख भी बना रहेगा कि मैंने मकान का दान एक मूर्ख व्यक्ति को दे दिया। तुम यहाँ से जा सकते हो।'

तेनालीराम की ईमानदारी

तेनालीराम के व्यवहार की शिकायत लेकर कुछ ब्राह्मण राजगुरु के पास पहुँचे। राजगुरु तो पहले ही तेनालीराम से बदला लेने का अवसर खोज रहा था, क्योंकि वह उसकी पोल भी खोल चुका था। राजगुरु और ब्राह्मणों ने मिलकर तेनालीराम को सबक सिखाने का उपाय सोचा। निर्णय यह हुआ कि राजगुरु तेनालीराम को अपना शिष्य बनाने का बहाना करें और रीति के अनुसार उसके शरीर को दागा जाए। दागा भी इतने जोर से जाए कि बच्चू को मजा आ जाए। जब इस तरह तेनालीराम से बदला ले लिया जाए, तो राजगुरु उसे यह कहकर शिष्य बनाने से इंकार कर दें कि वह नीच जाति का ब्राह्मण है।

उन एक सौ आठ ब्राह्मणों ने यह योजना अपने तक ही सीमित रखी और राजगुरु ने भी। तेनालीराम से बदला लेने को वे सब बहुत उत्सुक थे।

योजना के अनुसार राजगुरु ने एक दिन तेनालीराम को अपने यहाँ बुलाया और कहा कि उसकी भक्तिभावना और ज्ञान को देखते हुए वह उसे अपना शिष्य बनाना चाहता है। तेनालीराम को संदेह तो हो गया कि दाल में कुछ काला है, पर वह नाटक करता रहा कि राजगुरु के प्रस्ताव से बहुत खुश है।

बड़ी उत्सुकता से तेनालीराम ने पूछा, 'आप कब मुझे अपना शिष्य स्वीकार करेंगे?'

'अगला शुक्रवार बड़ा शुभ दिन है। स्नान करके तुम्हें कीमती वस्त्र पहनने होंगे, जो तुम्हें मेरी ओर से भेंट किए जाएँगे। भेंट के रूप में मैं तुम्हें एक सौ स्वर्ण मुद्राएँ भी दूँगा। इसके बाद रीति के अनुसार तुम्हें पवित्र शंख और लौहचक्र से दागा जाएगा। इस तरह तुम मेरे शिष्य हो जाओगे।' राजगुरु ने कहा।

तेनालीराम 'ठीक है' कहकर चला गया। उसने सारी बात अपनी पत्नी को कह सुनाई। बोला, 'अवश्य इस धूर्त के मन में कोई चाल है।'

पत्नी बोली, 'तुमने उसका शिष्य बनना स्वीकार ही क्यों किया?'

'परेशान होने की कोई बात नहीं है। राजगुरु अगर डाल-डाल है तो मैं पात-पात।' तेनालीराम ने कहा।

'तुमने क्या करने का विचार किया है?'

'मुझे पता चला है कि जिन एक सौ आठ ब्राह्मणों को मैंने अपने घर निमंत्रण दिया था, उनकी राजगुरु के यहाँ कोई सभा हुई है। वास्तविकता पता चलाने का एक उपाय मेरे पास है। इन ब्राह्मणों में से एक का नाम योमयाजुल है। उसके यहाँ बच्चा होने वाला है; पर उसके पास खर्च के लिए एक पैसा भी नहीं है। मैं दस स्वर्ण-मुद्राएँ देकर सोमयाजुल से सारी बातें मालूम कर लूँगा। फिर देखना, इस राजगुरु के बच्चे की मैं क्या गत बनाता हूँ।' तेनालीराम ने कहा।

फिर तेनालीराम सोमयाजुल से मिला और उससे कहा, 'मैंने सुना है कि तुम्हें राजगुरु से स्वर्ण-मुद्राएँ मिली हैं।'

'उस कंजूस से? पत्थर से पानी निकाल लेना आसान है, पर राजगुरु से एक पैसा भी निकालना कठिन है।' सोमयाजुल बोला, 'उस कृतघ्न के

लिए कोई अपनी जान भी दे दे, तो भी वह किसी के काम आनेवाला नहीं है।'

तेनालीराम ने जेब से दस स्वर्ण-मुद्राएँ निकालीं और सोमयाजुल से कहा, 'अगर तुम मुझे यह बता दो कि राजगुरु के घर हुई गुप्त बैठक में क्या बात हुई है, तो मैं तुम्हें ये स्वर्ण-मुद्राएँ दे दूँगा।'

'नहीं, नहीं! मैंने यह बता दिया तो मैं कहीं का न रहूँगा।' सोमयाजुल ने कहा।

'मैं विश्वास दिलाता हूँ कि यह बात मैं अपने तक ही सीमित रखूँगा।' तेनालीराम बोला, 'सोचो, तुम्हारी पत्नी इस समय कितनी नाजुक अवस्था में है, और फिर मैं भी तो ब्राह्मण हूँ। सहायता माँगने के लिए आए हुए व्यक्ति को निराश लौटा देना तो हमारी परंपरा के विरुद्ध है। मैं क्षमा चाहता हूँ कि उस दिन और लोगों के साथ तुम्हारे शरीर को भी मैंने दगवा दिया। खैर, ये दस स्वर्ण-मुद्राएँ ले लो, अब आगे तुम्हारी जैसी मरजी।'

यह कहकर तेनालीराम ने स्वर्ण-मुद्राएँ सोमयाजुल को दे दीं।

सोमयाजुल स्वर्ण-मुद्राएँ पाकर बेहद खुश हुआ और उसने तेनालीराम को सारी बात बता दी। उसने कहा, 'देखो, किसी को यह पता न चले कि मैंने यह भेद खोला है।'

'तुम बिलकुल निश्चिंत रहो।' तेनालीराम ने कहा।

घर आकर तेनालीराम ने अपनी पत्नी को यह बात बताई। पत्नी बोली, 'कुछ भी हो, दस स्वर्ण-मुद्राओं का नुकसान तो हुआ है।'

'तुम देखती जाओ, दस स्वर्ण-मुद्राओं के जाने से और कितनी ही दस स्वर्ण-मुद्राएँ आएँगी।' हँसते हुए तेनालीराम बोला।

शुक्रवार के दिन तेनालीराम सुबह उठा, स्नान किया और राजगुरु के दिए हुए रेशम के वस्त्र पहने, राजगुरु ने उसे एक सौ स्वर्ण-मुद्राएँ दीं।

अब बारी आई दागने की रीति पूरी करने की। शंख और लौहचक्र आग में तप रहे थे। राजगुरु और ब्राह्मण मन-ही-मन मुस्कुरा रहे थे कि बच्चू आज आए हो झाँसे में। जैसे ही शंख और लौहचक्र दागे जाने के लिए तैयार हो गए, तेनालीराम ने पचास स्वर्ण मुद्राएँ राजगुरु को दीं और यह कहता हुआ भाग खड़ा हुआ, 'आधा ही बहुत है। बाकी आधा मैंने वापस कर दिया है।'

राजगुरु और ब्राह्मण गरम-गरम शंख और लौहचक्र लेकर उसके पीछे भागे। रास्ते में और भी बहुत-सी भीड़ इकट्ठी हो गई।

तेनालीराम भागता हुआ राजा के पास पहुँचा और बोला, 'महाराज, जब समारोह हो रहा था, मुझे अचानक ध्यान आया कि मैं राजगुरु का शिष्य होने योग्य नहीं हूँ, क्योंकि मैं वैदिकी ब्राह्मण नहीं, नियोगी ब्राह्मण हूँ। स्नान और रेशम के वस्त्र पहनने की रीति पूरी करने की पचास स्वर्ण मुद्राएँ मैंने रख लीं और शेष पचास राजगुरु को लौटा दी हैं, जो उन्होने मुझे दागने की रीति पूरी करने के लिए दी थीं।'

राजगुरु को राजा के सामने मानना पड़ा कि नियोगी ब्राह्मण होने के कारण तेनालीराम उसका शिष्य नहीं बन सकता। उसने यह भी बहाना बनाया कि वह तेनालीराम के नियोगी ब्राह्मण होने की बात तो भूल ही गया था। असली बात वह राजा को कैसे बताता?

'तेनालीराम की ईमानदारी प्रशंसा के योग्य है। उसे अवश्य पुरस्कार मिलना चाहिए।' राजा ने कहा और तेनालीराम को एक हजार स्वर्ण-मुद्राएँ पुरस्कार के रूप में भेंट कीं।

ज्योतिषी की भविष्यवाणी

बीजापुर के सुलतान को पता चला कि उसका भेजा हुआ जासूस 'राजा साहब' तेनालीराम की सूझबूझ के कारण पकड़ लिया गया और उसे मार दिया गया है। उसे यह भी पता चला कि विजयनगर के राजा कृष्णदेव राय रायचूर (बीजापुर) पर आक्रमण करने की तैयारी कर रहे हैं। सुलतान घबरा गया। वह जानता था कि इतने कुशल सेनापति के नेतृत्व में विजयनगर की सेना अवश्य जीत जाएगी। उसने एक चाल चली।

उसने विजयनगर के राजज्योतिषी को एक लाख रुपए की रिश्वत देकर अपने साथ मिला लिया और कहा कि वह यह भविष्यवाणी करे कि राजा ने अगर तुंगभद्रा नदी को यह वर्ष समाप्त होने से पहले पार किया तो उसकी मृत्यु हो जाएगी।

ज्योतिषी ने एक लाख रुपए लेकर यह भविष्यवाणी कर दी। राजा ने सुना तो हँस दिए, 'मैं नहीं मानता कि इस समय आक्रमण करने में कोई खतरा है।'

दरबारियों और सेनापतियों को अवश्य राजा के प्राणों की चिंता थी।

उन्होंने राजा से कहा, 'महाराज, करोड़ों की सुरक्षा आप पर निर्भर है। कम-से-कम उनका ध्यान रखकर ही आप अपने प्राणों को खतरे में न डालें। आप अगर एक साल प्रतीक्षा कर भी लें तो भी कोई अंतर नहीं पड़ता। आपकी शक्ति के आगे बीजापुर कहाँ टिक पाएगा लेकिन भाग्य के साथ लड़ाई मुश्किल है। आप अभी आक्रमण न करें तो अच्छा है।'

इधर रानियों ने भी राजा से प्रर्थना की कि बीजापुर पर आक्रमण के लिए एक वर्ष रुक जाएँ।

राजा ने तेनालीराम से कहा, 'मैं बीजापुर पर अभी आक्रमण करना चाहता हूँ, लेकिन रानियों और दरबारियों को भी नाराज नहीं करना चाहता।'

तेनालीराम भी राजा से सहमत था। उसने कहा, 'हर भविष्यवाणी पर विश्वास नहीं करना चाहिए।'

'मैं चाहता हूँ कि कोई इस ज्योतिषी की भविष्यवाणी को गलत सिद्ध कर दे। अगर कोई ऐसा कर दे तो मैं उसे दस हजार स्वर्ण-मुद्राएँ दूँगा।' राजा ने कहा।

'यह काम आप मुझे सौंप दीजिए, लेकिन एक शर्त है। ज्योतिषी को झूठा सिद्ध करने पर अगर उसे कोई दंड देना पड़ा, तो मुझे इसके लिए महाराज क्षमा करेंगे।' तेनालीराम बोला।

'अगर यह झूठ बोल रहा है तो तुम्हें उसे मृत्युदंड तक देने का अधिकार मैं देता हूँ।' राजा ने कहा।

तेनालीराम ने अपने मित्र सेनापति से मिलकर एक योजना बनाई। अगले दिन तेनालीराम ने राजा के सामने ज्योतिषी से पूछा, 'ज्योतिषी जी, क्या आपकी सभी भविष्यवाणियाँ सदा सच होती हैं?'

'इसमें क्या संदेह है?' ज्योतिषी ने कहा, 'अगर मेरी एक भी भविष्यवाणी को कोई भी झूठी सिद्ध कर दे तो मैं उसे अपने प्राणों का अधिकार देने को तैयार हूँ।'

'तब तो आप जैसे महान ज्योतिषी को पाकर हमारा देश धन्य है। क्या मैं जान सकता हूँ कि इस समय आपकी आयु क्या है और आप कितनी आयु तक जिएँगे?' तेनालीराम ने कहा।

'इस समय मेरी आयु 44 वर्ष है। अभी मुझे 30 वर्ष और जीना है। भाग्य के अनुसार मेरी मृत्यु 74 वर्ष की आयु में होगी। इसमें एक पल का भी हेर-फेर नहीं हो सकता।' ज्योतिषी बोला।

एकाएक सेनापति की तलवार चमकी और ज्योतिषी का सिर धड़ से अलग होकर पृथ्वी पर आ गिरा।

तेनालीराम ने कहा, 'आखिर ज्योतिषी की भविष्यवाणी गलत सिद्ध हो गई। बुरा सोचने वाले का बुरा ही होता है। मैं जानता था कि यह आदमी बेईमान है। दूसरों का भाग्य बताने चले थे महाशय, किंतु अपनी किस्मत न पढ़ सके।'

बाद में ज्योतिषी के घर की तलाशी ली गई तो शत्रु के कई पत्र उसके यहाँ मिले, जिनसे उसकी देश के प्रति गद्दारी सिद्ध हो गई।

सभी ने तेनालीराम की प्रशंसा की। राजा ने उसे दस हजार स्वर्ण-मुद्राएँ दीं और बीजापुर पर आक्रमण करके उसे जीत लिया। विजय के बाद जब राजा वापस लौटे तो बोले, 'यह सब तेनालीराम की बुद्धि का परिणाम है।'

उन्होंने तेनालीराम को स्वर्ण-मुद्राओं की एक और बड़ी थैली भेंट में दी।

कंजूस सेठ

राजा कृष्णदेव राय के राज्य में एक कंजूस सेठ रहता था। उसके पास धन की कोई कमी न थी, किंतु एक पैसा भी जेब से निकालते समय उसकी नानी मर जाती थी। एक बार उसके कुछ मित्रों ने हँसी-हँसी में एक कलाकार से अपना चित्र बनवाने के लिए उसे राजी कर लिया। उसके सामने वह मान तो गया, पर जब चित्रकार उसका चित्र बनाकर लाया, तो सेठ की हिम्मत न पड़ी कि चित्र के मूल्य के रूप में चित्रकार को सौ स्वर्ण-मुद्राएँ दे दे।

यों वह सेठ भी एक तरह का कलाकार ही था। उसे अपने चेहरे का स्वरूप बदलने की कला खूब आती थी। चित्रकार को आया देखकर सेठ झट अंदर गया और कुछ ही क्षणों में अपना चेहरा बदलकर बाहर आ गया।

उसने चित्रकार से कहा, 'तुम्हारा चित्र जरा भी ठीक नहीं बन पड़ा। तुम्हीं बताओ, क्या यह चेहरा मेरे चेहरे से तनिक भी मिलता है?'

चित्रकार ने देखा, सचमुच चित्र सेठ के चेहरे से तनिक भी नहीं मिलता था।

सेठ बोला, 'जब तुम ऐसा चित्र बनाकर लाओगे, जो ठीक मेरी शक्ल से मिलेगा, तभी मैं उसे खरीदूँगा।'

दूसरे दिन चित्रकार एक और चित्र बना लाया, जो ठीक सेठ के उस चेहरे से मिलता था, जो सेठ ने पहले दिन बना रखा था। इस बार फिर सेठ ने अपना चेहरा बदल लिया और चित्रकार के चित्र में कमियाँ निकालने लगा।

चित्रकार बड़ा लज्जित हुआ। उसकी समझ में नहीं आ रहा था कि इस तरह की गलती उसके चित्र में क्यों होती है? ऐसा पहले तो कभी नहीं हुआ।

अगले दिन वह फिर एक नया चित्र बनाकर ले गया, पर उसके साथ फिर वही हुआ, जो पहले दो दिन हुआ था। चित्रकार ने उसके बाद सेठ के दो-तीन चित्र और बनाए किंतु हर बार निराश लौटना पड़ा। अब तक उसकी समझ में सेठ की चाल आ चुकी थी। वह जानता था कि वह मक्खीचूस सेठ वास्तव में पैसे नहीं देना चाहता, पर चित्रकार अपनी कई दिनों की मेहनत भी बेकार नहीं जाने देना चाहता था।

बहुत सोच-विचारकर चित्रकार तेनालीराम के पास पहुँचा और अपनी समस्या उसे कह सुनाई। कुछ समय सोचने के बाद तेनालीराम ने कहा, 'कल तुम उसके पास एक शीशा लेकर जाओ और कहो कि आपकी बिलकुल असली तस्वीर लेकर आया हूँ। अच्छी तरह मिलाकर देख लीजिए। कहीं कोई अंतर आपको नहीं मिलेगा। बस, फिर अपना काम हुआ ही समझो।'

अगले दिन चित्रकार ने ऐसा ही किया। वह शीशा लेकर सेठ के यहाँ पहुँचा और उसके सामने रख दिया। 'लीजिए, सेठ जी, आपका बिलकुल सच्चा मित्र। गलती की इसमें जरा भी संभावना नहीं है।' चित्रकार ने अपनी मुस्कुराहट पर काबू पाते हुए कहा।

'लेकिन यह तो शीशा है।' सेठ ने झुँझलाते हुए कहा।

'आपकी असली सूरत शीशे के अलावा बना भी कौन सकता है? जल्दी से मेरे चित्रों का मूल्य एक हजार स्वर्ण-मुद्राएँ निकालिए।' चित्रकार बोला।

सेठ समझ गया कि यह सब तेनालीराम की सूझबूझ का परिणाम है। उसने झट एक हजार स्वर्ण-मुद्राएँ चित्रकार को दे दीं।

तेनालीराम ने जब यह घटना महाराज कृष्णदेव राय को बताई तो वह खूब हँसे।

मुँह मत दिखाना

राजा कृष्णदेव राय किसी बात पर तेनालीराम से नाराज हो गए। उन्होंने तेनालीराम से कहा, 'कल दरबार में मुँह मत दिखाना। अगर ऐसा किया तो तुम्हें भरे दरबार में कोड़े लगवाए जाएँगे।'

दूसरे दिन राजा को बरबार में जाते हुए पता चला कि तेनालीराम दरबार में आया हुआ है और तरह-तरह की उलटी-सीधी हरकतों और मजाकों से सबको हँसा रहा है। राजा को बड़ा आश्चर्य हुआ। कैसा विचित्र मूर्ख है यह? यह जानते हुए भी दरबार में आ गया है कि इसे कोड़े पड़ेंगे। खैर, आज तो इसे दंड देना ही पड़ेगा।

जब राजा दरबार में पहुँचे तो उन्होंने देखा कि तेनालीराम सिर पर मिट्टी का एक बड़ा बरतन पहने हुए है, जिस पर तरह-तरह के बेलबूटे बने हुए हैं। उस बरतन से तेनालीराम का सारा सिर और चेहरा ढक गया था।

'यह क्या मजाक है?' राजा ने कहा, 'आज तुम्हें मेरी आज्ञा का उल्लंघन करने के कारण कोड़े लगवाए जाएँगे।'

'पर महाराज, मैंने आपकी आज्ञा का उल्लंघन कब किया है? मैंने तो आपके आदेश का पूरी तरह पालन किया है। आपने कहा था कि मैं दरबार में अपना मुँह न दिखाऊँ। मैंने तो अपना पूरा चेहरा इस बरतन में छिपा रखा है।'

राजा ठहाका मारकर हँसे और बोले, 'विदूषकों और पागलों से नाराज होने से कोई लाभ नहीं।'

सुनहरा हिरन

ढलती हुई ठंड का सुहाना मौसम था। राजा कृष्णदेव राय वन-विहार के लिए चल पड़े। साथ में कुछ दरबारी और सैनिक भी चल पड़े। शहर से दूर जंगल में डेरा डाला गया। कभी गीत-संगीत की महफिल जमती तो कभी किस्से-कहानियों का दौर चल पड़ता।

इसी तरह मौज-मस्ती में कई दिन बीत गए।

एक दिन राजा कृष्णदेव राय अपने दरबारियों से बोले, 'जंगल में

आए हैं तो शिकार जरूर करेंगे।'

तुरंत शिकार की तैयारियाँ हो गईं। राजा कृष्णदेव राय तलवार और तीर-कमान लेकर घोड़े पर बैठकर शिकार के लिए निकल पड़े। मंत्री और दरबारी अपने घोड़ों पर उनके साथ थे।

तेनालीराम भी जब उन सबके साथ चलने लगा तो मंत्री बोला, 'महाराज, तेनालीराम को अपने साथ ले जाकर क्या करेंगे? यह तो अब बूढ़े हो गए हैं, इन्हें यहीं रहने दिया जाए। हमारे साथ चलेंगे तो बेचारे थक जाएँगे।'

इस बात पर सारे दरबारी हँस पड़े लेकिन तेनालीराम क्योंकि राजा को बड़े प्रिय थे, इसलिए तेनालीराम को भी अपने साथ ले लिया।

थोड़ी देर यात्रा करके सब लोग जंगल में पहुँच गए। तभी राजा कृष्णदेव राय को एक सुनहरा हिरन दिखाई दिया। राजा ने उसका पीछा किया और पीछा करते-करते वह घने जंगल में पहुँच गए। राजा घनी झाड़ियों के बीच बढ़ते जा रहे थे।

एक जगह पर आकर उन्हें सुनहरा हिरन अपने बहुत ही पास दिखाई दिया तो उन्होंने निशाना साधा। घोड़ा अभी भी दौड़ता जा रहा था।

राजा कृष्णदेव राय तीर चलाने ही वाले थे कि अचानक तेनालीराम जोर से चिल्लाया, 'रुक जाइए, महाराज, इसके आगे जाना ठीक नहीं।'

राजा कृष्णदेव राय ने फौरन घोड़ा रोका। इतने में हिरन निकल गया। राजा को बहुत गुस्सा आया। वह तेनालीराम पर बरस पड़े, 'तेनालीराम तुम्हारे कारण हाथ में आया शिकार निकल गया। तुमने हमें क्यों रोका?'

मंत्री और अन्य दरबारियों ने भी व्यंग्य किया, 'महाराज, तेनालीराम डरते हैं—वह डरपोक हैं, इसीलिए तो उन्हें अपने साथ न लाने के लिए कह रहे थे।'

तभी तेनालीराम को न जाने क्या सूझी, बोले, 'महाराज, जरा मंत्री जी इस पेड़ पर चढ़कर हिरन को देखें तभी कुछ कहूँगा या बताऊँगा।'

राजा कृष्णदेव राय ने मंत्री जी को पेड़ पर चढ़कर हिरन को देखने का आदेश दिया। मंत्री जी पेड़ पर चढ़े तो उन्होंने एक विचित्र दृश्य देखा।

हिरन जंगली झाड़ियों के बीच फँसा जोर-जोर से उछल रहा था। उसका सारा शरीर लहूलुहान हो गया था। ऐसा लगता था जैसे जंगली झाड़ियों ने उसे अपने पास खींच लिया हो। वह हिरन अपना भरपूर जोर लगाकर झाड़ियों से छूटने की कोशिश कर रहा था। आखिरकार बड़ी मुश्किल से वह

अपने आपको उन झाड़ियों से छुड़ा पाया था, या यूँ कह लीजिए कि बड़ी मुश्किल से अपनी जान छुड़ाकर भाग लिया।

मंत्री ने सारी बात राजा को बताई। राजा यह सब सुनकर आश्चर्यचकित रह गए और बोले, 'तेनालीराम, यह सब क्या है?'

'महाराज, यहाँ से आगे खतरनाक झाड़ियाँ हैं। इनके काँटे शरीर में चुभकर प्राणियों का खून पीने लगते हैं। जो जीव इनकी पकड़ में आया–वह अधमरा होकर ही इनसे छूटा। पेड़ से मंत्री जी ने स्वयं लहूलुहान हिरन को देख लिया, इसीलिए महाराज, मैं आपको रोक रहा था।'

राजा कृष्णदेव राय ने मंत्री और दरबारियों की ओर देखा और कहा, 'देखा, तुम लोगों ने, तेनालीराम को साथ लाना क्यों जरूरी था?'

मंत्री और सारे दरबारी अपना-सा मुँह लेकर रह गए और एक-दूसरे की ओर ताकने लगे।

खूँखार घोड़ा

विजयनगर के पड़ोसी मुसलमान राज्यों के पास बड़ी मजबूत सेनाएँ थीं। राजा कृष्णदेव राय चाहते थे कि विजयनगर की घुड़सवार फौज भी शक्तिशाली हो ताकि युद्ध होने पर दुश्मनों का मुकाबला कुशलता से किया जा सके। उन्होंने बहुत से अरबी घोड़े खरीदने का विचार किया।

मंत्रियों ने सलाह दी कि घोड़ों को पालने का एक आसान उपाय यह है कि शांति के समय ये घोड़े नागरिकों को रखने के लिए दिए जाएँ और जब युद्ध हो तो उन्हें इकट्ठा कर लिया जाए। राजा को यह सलाह पसंद आ गई। उन्होंने एक हजार बढ़िया अरबी घोड़े खरीदे और नागरिकों को बाँट दिए। हर घोड़े के साथ घास, चने और दवाइयों के लिए खर्चा आदि दिया जाना भी तय हुआ। यह निर्णय किया गया कि हर तीन महीनों के बाद घोड़ों की जाँच की जाएगी।

तेनालीराम ने एक घोड़ा माँगा तो उसको भी एक घोड़ा मिल गया।

तेनालीराम घोड़े को मिलनेवाला सारा खर्च हजम कर जाता। घोड़े को उसने एक छोटी-सी अँधेरी कोठरी में बंद कर दिया, जिसकी एक दीवार में जमीन से चार फुट की ऊँचाई पर एक छेद था। उसमें से मुट्ठी-भर चारा

तेनालीराम अपने हाथों से ही घोड़े को खिला देता। भूखा घोड़ा उसके हाथ में मुँह मारमार पल-भर में चारा चट कर जाता।

तीन महीने बीतने पर सभी से कहा गया कि वे अपने घोड़ों की जाँच करवाएँ। तेनालीराम के अतिरिक्त सभी ने अपने घोड़ों की जाँच करवा ली।

राजा ने तेनालीराम से पूछा, 'तुम्हारा घोड़ा कहाँ है?'

'महाराज, मेरा घोड़ा इतना खूँखार हो गया है कि मैं उसे नहीं ला सकता। आप घोड़ों के प्रबंधक को मेरे साथ भेज दीजिए। वही इस घोड़े को ला सकते हैं।' तेनालीराम ने कहा।

घोड़ों का प्रबंधक, जिसकी दाढ़ी भूसे के रंग की थी, तेनालीराम के साथ चल पड़ा। कोठरी के पास पहुँचकर तेनालीराम बोला, 'प्रबंधक, आप स्वयं देख लीजिए कि यह घोड़ा कितना खूँखार है? इसीलिए मैंने इसे कोठरी में बंद कर रखा है।'

'कायर कहीं के! तुम क्या जानो घोड़े कैसे काबू में किए जाते हैं? यह तो हम सैनिकों का काम है।' कहकर प्रबंधक ने दीवार के छेद में से झाँकने की कोशिश की। सबसे पहले उसकी दाढ़ी छेद में पहुँची। इधर भूखे घोड़े ने समझा कि उसका चारा आ गया और उसने झपटकर दाढ़ी मुँह में ले ली। प्रबंधक का बुरा हाल था। वह दाढ़ी बाहर खींच रहा था लेकिन घोड़ा था कि छोड़ता ही न था।

प्रबंधक दर्द के मारे जोर से चिल्लाया। बात राजा तक जा पहुँची। वह अपने कर्मचारियों के साथ दौड़े-दौड़े वहाँ पहुँचे। तब एक कर्मचारी ने कैंची से प्रबंधक की दाढ़ी काटकर जान छुड़ाई।

जब सबने कोठरी में जाकर घोड़े को देखा तो उनके आश्चर्य का ठिकाना न रहा। वह तो हड्डियों का केवल ढाँचा-भर रह गया था।

क्रोध-से उबलते हुए राजा ने पूछा, 'तुम इतने दिन तक इस बेचारे पशु को भूखा मारते रहे हो?'

'महाराज, भूखा रहकर इसका यह हाल है कि इसने प्रबंधक की कीमती दाढ़ी नोंच ली। उन्हें इस घोड़े के चंगुल से छुड़ाने के लिए स्वयं महाराज को यहाँ आना पड़ा। अगर बाकी घोड़ों की तरह इसे भी जी-भरकर खाने को मिलता तो न जाने यह क्या कर डालता?'

राजा हँस पड़े और उन्होंने हमेशा की तरह तेनालीराम का यह अपराध भी क्षमा कर दिया।

आधा-आधा

एक बार संगीत और नृत्य का एक प्रसिद्ध कलाकार अपनी कला दिखाने के लिए विजयनगर आया। राजा ने अपनी रानियों के लिए राजमहल में नृत्य दिखाए जाने का विशेष प्रबंध किया। उन्होंने आदेश दिया कि तेनालीराम को इस विषय में कुछ न बताया जाए।

इधर तेनालीराम को जब इस नृत्य के विषय में पता चला तो वहाँ जा पहुँचा। बाहर के द्वार पर द्वारपाल ने टोका, 'महाराज की आज्ञा है कि आपको इस नृत्य के बारे में बताया भी न जाए। मुझे खेद है मैं आपको अंदर नहीं जाने दे सकता।'

'लेकिन अगर मुझे पता चल जाए कि राजा की यह आज्ञा नहीं है कि मुझे अंदर आने दिया जाए तो? मेरी बात सुनो, मुझे अंदर जाने दो, मुझे जो मिलेगा, उसका आधा मैं तुम्हें दे दूँगा।' तेनालीराम ने द्वारपाल को लालच दिया।

पहले तो द्वारपाल हिचकिचाया। फिर उसने सोचा, 'अगर बैठे बिठाए मुझे आधा पुरस्कार मिल जाए, तो बुरा भी क्या है?' तेनालीराम से उसने कहा, 'ठीक है, मैं तुम्हें अंदर जाने देता हूँ, पर जो भी तुम्हें मिलेगा, उसका आधा मुझे देना होगा।'

अंदर जाकर तेनालीराम दूसरे द्वार पर जा पहुँचा। वहाँ के द्वारपाल ने भी उसे आगे जाने से रोका। तेनालीराम ने कहा, मुझे जो मिलेगा, उसका आधा देने का वादा मैंने बाहर के द्वारपाल से किया है, मुझे अंदर जाने दो, शेष आधा मैं तुम्हें दे दूँगा।'

इस द्वारपाल को भी लालच आ गया। उसने कहा, 'ठीक है, चले जाओ, पर अपना वादा याद रखना।'

तेनालीराम अंदर जा पहुँचा। वहाँ पर कलाकार नृत्य करते हुए गा-गाकर भगवान कृष्ण की बचपन में माखनचोरी और गोपियों से मिलने वाली मार की कहानी सुना रहा था। तेनालीराम ने पास पड़ा एक मोटा-सा डंडा उठाया और कलाकार के सिर पर दे मारा। बेचारा कलाकार दर्द से चिल्लाने लगा।

तेनालीराम बोला, 'कृष्ण ने तो गोपियों के हाथों न जाने कितनी चोटें खाईं, लेकिन वह कभी नहीं चिल्लाए। जब तक आप कृष्ण की भूमिका

निभा रहे हैं, आपको भी नहीं चिल्लाना चाहिए।'

लेकिन दर्द का मारा बेचारा कलाकार चिल्लाता रहा।

राजा क्रोध से लाल-पीले हो रहे थे। उन्होंने पुलिस-अधिकारी को बुलाकर कहा, 'हमसे लगातार पुरस्कार पाकर इसका दिमाग सातवें आसमान पर चढ़ गया है। आज इसे कुछ और ही दिया जाएगा। आज इसे दो दर्जन कोड़ों का इनाम दिया जाए।'

पुलिस-अधिकारी ने तेनालीराम से दंड पाने के लिए अपने पीछे आने को कहा।

तेनालीराम बोला, 'महोदय, मुझे आपके साथ आने की आवश्यकता नहीं है। यह पुस्कार मैं पहले ही कुछ और लोगों को बाँट चुका हूँ।'

'क्या? क्या इस राज्य में ऐसा भी कोई मूर्ख है, जो इस पुरस्कार को लेना चाहेगा?' आश्चर्य से राजा बोले।

'इस तरह के दो व्यक्ति तो यहीं पास ही हैं, महाराज।' तेनालीराम ने कहा, 'वे दोनों राजमहल के द्वारों पर पहरा दे रहे हैं। उन्होंने मुझे इसी शर्त पर अंदर आने दिया है कि जो मुझे मिलेगा, उसका आधा-आधा मैं उन्हें दे दूँगा।'

राजा ने दोनों द्वारपालों को बुलवा भेजा। पूछने पर तेनालीराम की बात सच निकली और उन दोनों को एक-एक दर्जन कोड़े लगाए गए।

हँसते हुए राजा ने तेनालीराम को स्वर्ण-मुद्राओं की एक थैली दी और कहा, 'तुम्हारा नाटक इस कलाकार के नाटक से भी दिलचस्प रहा। उसने तो भगवान कृष्ण की माखनचोरी की कहानी सुनाई, जो इतनी विचित्र बात नहीं है, जितनी कोड़ों के पुरस्कार की यह भेंट।'

सब लोग ठहाका मारकर हँस पड़े।

राजा की बिल्ली

एक बार राजा ने सुना कि नगर में चूहे बढ़ गए हैं। उन्होंने चूहों की मुसीबत से छुटकारा पाने के लिए एक हजार बिल्लियाँ पालने का फैसला किया। बिल्लियाँ मँगवाई गईं और उन्हें नगर के लोगों में बाँट दिया। जिसे बिल्ली दी गई, उसे साथ में एक गाय भी दी गई ताकि उसका दूध पिलाकर

बिल्ली को पाला जा सके।

तेनालीराम भी इस अवसर पर राजा के सामने जा खड़ा हुआ। उसे भी एक बिल्ली और गाय दे दी गई। उसने पहले दिन बिल्ली के सामने उबलते हुए दूध का कटोरा रख दिया। बिल्ली भूखी थी। बेचारी ने जल्दी से कटोरे में मुँह मारा। उसका मुँह इतनी बुरी तरह जला कि उसके बाद जब उसके सामने ठंडा दूध भी रखा जाता, तो वह भाग खड़ी होती। तेनालीराम गाय का सारा दूध अपने लिए और अपनी माँ, पत्नी और बच्चों के लिए प्रयोग में लाता।

तीन महीने बाद सभी बिल्लियों की जाँच की गई। गाय का दूध पी-पीकर सभी बिल्लियाँ मोटी-ताजी हो गई थीं, लेकिन तेनालीराम की बिल्ली तो सूखकर काँटा हो चुकी थी और सब बिल्लियों के बीच अलग ही दिखाई दे रही थी।

राजा ने क्रोध से पूछा, 'तुमने इसे गाय का दूध नहीं पिलाया?'

'महाराज, यह तो दूध को छूती भी नहीं।' भोलेपन से तेनालीराम ने कहा।

'क्या कहते हो? बिल्ली दूध नहीं पीती? तुम समझते हो, मैं तुम्हारी इन झूठी बातों में आ जाऊँगा?'

'मैं बिलकुल सच कह रहा हूँ, महाराज। यह बिल्ली दूध नहीं पीती।'

'अगर तुम्हारी बात सच निकली तो तुम्हें सौ स्वर्ण-मुद्राएँ दूँगा। लेकिन अगर बिल्ली ने दूध पी लिया, तो तुम्हें सौ कोड़े लगाए जाएँगे।' राजा ने कहा।

तेनालीराम ने राजा की यह शर्त मान ली।

दूध का एक बड़ा कटोरा मँगवाया गया। राजा ने बिल्ली को अपने हाथ में लेकर कहा, 'पियो बिल्ली रानी, दूध पियो।'

बिल्ली ने जैसे ही दूध देखा, डर के मारे राजा के हाथ से निकलकर म्याऊँ-म्याऊँ करती भाग खड़ी हुई।

'सौ स्वर्ण-मुद्राएँ मेरी हुईं।' तेनालीराम बोला।

'वह तो ठीक है, लेकिन मैं इस बिल्ली को अच्छी तरह देखना चाहता हूँ।' राजा ने कहा।

बिल्ली को अच्छी तरह देखने पर राजा ने पाया कि उसके मुँह पर

जले का एक बड़ा निशान है।

राजा ने कहा, 'दुष्ट कहीं के? जान-बूझकर इस बेचारी को तुमने गरम दूध पिलाया ताकि यह हमेशा के लिए दूध से डर जाए। क्या ऐसा करते हुए तुम्हें जरा भी शर्म नहीं आई?'

'महाराज, यह देखना राजा का कर्त्तव्य है कि उसके राज्य में क्या मनुष्य के बच्चों को बिल्लियों से पहले दूध मिलना चाहिए?'

राजा कृष्णदेव राय अपनी हँसी न रोक सके और उन्होंने एक सौ स्वर्ण-मुद्राएँ देते हुए कहा, 'शायद आगे से तुम्हें यह सुबुद्धि आ जाए कि बेचारे मासूम जानवरों के साथ दुष्टता का व्यवहार नहीं करना चाहिए।'

रानी की उबासी

एक दिन तेनालीराम को संदेश मिला कि रानी तिरुमलादेवी बड़ी मुसीबत में हैं और उससे मिलना चाहती हैं। वह रानी के पास पहुँचा। उसे पता चला कि एक दिन राजा कृष्णदेव राय रानी को अपना लिखा नाटक सुना रहे थे कि रानी को उबासी आ गई। राजा ऐसे नाराज हुए कि उसी समय उठकर चले गए और तबसे कई दिन हो गए हैं, इस ओर नहीं आए।

रानी ने कहा, 'इसमें मेरा कोई दोष नहीं था। मैंने क्षमा माँगी, पर कोई असर नहीं हुआ। तेनालीराम, तुम्हीं अब इस समस्या को सुलझा सकते हो।'

'आप चिंता न करें महारानी, मैं अपनी ओर से पूरा प्रयत्न करूँगा।' तेनालीराम ने रानी को ढाँढस बँधाया।

वहाँ से तेनालीराम दरबार पहुँचा। राजा अपने राज्य के किसी क्षेत्र में चावल की स्थिति पर अपने मंत्रियों से सलाह कर रहे थे।

'चावल की उपज बढ़ाना बहुत आवश्यक है।' राजा ने कहा, 'हमने अब तक बहुत प्रयत्न किए हैं इससे लाभ हुआ है, लेकिन अभी समस्या पूरी तरह नहीं सुलझी है।'

'महाराज!' तेनालीराम ने चावल के नमूने का एक बीज राजा को दिखाते हुए कहा, 'अगर यह बीज बोया जाए, तो उपज इस साल की उपज से तिगुनी होगी।'

'यह तो बहुत अच्छा होगा, लेकिन इसके लिए शायद विशेष तरह की भूमि और खाद की आवश्यकता होगी।' राजा ने कहा।

'नहीं, महाराज, इसके लिए केवल इतना आवश्यक है कि इसे बोने, सींचने और काटने वाला व्यक्ति ऐसा हो, जिसे न कभी उबासी आई हो और न कभी आएगी।' तेनालीराम बोला।

'तुम्हारे जैसा मूर्ख मैंने कभी नहीं देखा।' राजा ने कहा, 'क्या संसार में ऐसा कोई व्यक्ति है, जिसे कभी उबासी न आई हो?'

'मैं तो भूल ही गया था। सचमुच में मैं बहुत मूर्ख हूँ।' तेनालीराम बोला, 'अच्छा हुआ कि महाराज को यह बात याद आ गई। मैं अभी जाकर महारानी तिरुमलादेवी को अपनी इस मूर्खता के विषय में बताता हूँ।'

'नहीं-नहीं, मैं स्वयं जाकर उन्हें बता दूँगा।' राजा ने कहा।

दरबार में हँसी का फव्वारा छूट पड़ा।

दरबार के बाद महाराज रानी के महल में गए। दोनों में सुलह हो गई। राजा ने तेनालीराम को सोने की एक थैली भेंट की, रानी ने भी तेनालीराम को बहुमूल्य उपहार दिए।

बाढ़-पीड़ितों की सहायता

एक बार विजयनगर राज्य में भयंकर वर्षा हुई। चारों ओर तबाही मच गई। अनेकों घर बह गए। बहुत से पशु भी बाढ़ की भेंट चढ़ गए।

इस विपदा का समाचार राजा कृष्णदेव राय को मिला। राजा ने तत्काल मंत्री को बुलाकर आदेश दिया, 'तुरंत बाढ़-पीड़ितों की सहायता की जाए। राहत कोष से धन निकलाकर बाढ़ से घिरे लोगों को निकाला जाए। उनके रहने, खाने और चिकित्सा का पूरा प्रबंध किया जाए। नदी-नालों पर पुल बनाए जाएँ।'

मंत्री ने तुरंत हामी भर ली और अगले दिन खजाने से मोटी रकम निकालकर सहायता के काम में जुट गया।

कई महीने तक मंत्री का राजधानी में पता न चला। राजा समझ रहे थे कि राहत का काम जोर-शोर से चल रहा है। उधर तेनालीराम भी बेखबर नहीं था।

कुछ दिन बाद मंत्री दरबार में आया। उसने खूब बढ़ा-चढ़ाकर अपने काम की प्रशंसा की। दरबार खत्म हुआ तो राजा ने तेनालीराम से कहा, 'देखा तेनालीराम, हमारे मंत्री जी का कमाल। दो हफ्ते में ही बाढ़ पीड़ितों के दुख-दर्द दूर कर दिए।'

'महाराज, आपकी बात तो ठीक है। क्यों न आप भी चलकर देख लें कि बाढ़ के लिए कैसे-कैसे प्रबंध किए हैं मंत्री जी ने।' तेनालीराम बोला।

राजा तो खुश थे ही। तुरंत सहमति दे दी।

अगले ही दिन राजा कृष्णदेव राय और तेनालीराम घोड़ों पर सवार होकर चल दिए। रास्ते में राजा का बाग पड़ता था। राजा ने देखा कि बाग के बहुत से पेड़ कटे हुए हैं।

'ये पेड़ किसने काटे हैं?' राजा ने पूछा।

'शायद तेज हवा से टूटे हैं या बाढ़ बहाकर ले गई होगी।' तेनालीराम ने उत्तर दिया।

चलते-चलते दोनों एक नाले के पास पहुँचे। एक जगह पुल के नाम पर कटे हुए पेड़ों के तने रखे थे।

'अरे, क्या ये ही पुल बनाए हैं मंत्रीजी ने? ये तने तो शाही बाग के पेड़ों के लगते हैं?'

'हो सकता है, महाराज। बाढ़ के पानी में बहते-बहते ये यहाँ खुद ही अटक गए हों। चलिए आगे और पुल देखते हैं।'

मगर सभी जगह वही हाल था। दोनों एक गाँव में पहुँचे। गाँव का बहुत-सा भाग पानी में डूबा था। कई लोग पेड़ों पर मचान बनाकर रह रहे थे।

उन्हें देखते ही तेनालीराम आश्चर्य से बोला, 'देखिए महाराज, मंत्रीजी ने इन्हें बाढ़ से बचाकर पेड़ पर टाँग दिया है। भला, इससे अच्छी राहत और क्या होगी?'

अब राजा को पता चला, राहत के नाम पर लिए पैसे मंत्री खा गया।

राजा ने लौटकर मंत्री को दरबार में बुलवाया और उसे डाँटते हुए कहा, 'जो पैसा हजम किया, या तो उससे बाढ़-पीड़ितों की की सहायता करो अन्यथा जेल की हवा खाओ। और हाँ, इस बार तुम जो करोगे उसकी जाँच करेंगे तेनालीराम।'

मंत्री यह आदेश सुनकर मुँह लटकाए चला गया।

कला का चमत्कार

राजा ने एक नया महल बनवाया। उसमें एक प्रसिद्ध कलाकार से दीवारों पर बड़े सुंदर चित्र बनवाए। राजा अपने दरबारियों को वे चित्र दिखाने नए महल में ले गया। सबने उन चित्रों की जी भरकर प्रशंसा की, पर तेनालीराम चुप था।

अचानक उसने एक चित्र देखा, जिसमें एक व्यक्ति का एक ओर का चेहरा ही दिखाई देता था। उसने राजा से पूछा, 'महाराज, इस व्यक्ति के चेहरे का दूसरा आधा भाग कहाँ है?'

'तुम भी अजीब मूर्ख हो!' राजा ने हँसते हुए कहा, 'दूसरे आधे भाग की कल्पना करनी पड़ती है।'

तेनालीराम चुप हो गया।

कोई एक महीने बाद तेनालीराम ने राजा से कहा, 'महाराज, मैं कई दिनों से बड़े परिश्रम से चित्र बनाना सीख रहा हूँ। मैंने कई अच्छे-अच्छे चित्रकारों को पीछे छोड़ दिया है।'

राजा बोले, 'ऐसी बात है तो ठीक है। मेरे गर्मियों में रहने वाले भवन में चित्र नहीं हैं। तुम उसकी दीवारों पर अपनी कला का चमत्कार दिखाओ।'

तेनालीराम ने बड़ी लगन के साथ यह काम किया। एक महीने के बाद उसने राजा से कहा कि वह दरबारियों के साथ आकर उसके चित्र देखें।

सब महल में पहुँचे। उन्होंने जो कुछ देखा, उसे देखकर कोई भी व्यक्ति माथा पीट लेता। सब दीवारों पर शरीर के अलग-अलग अंगों के चित्र बने थे। कहीं हाथ, कहीं घुटने, कहीं कुहनी, जगह-जगह नाक, कान, आँखें, दाँत और मुँह बने थे।

क्रोध में चिल्लाते हुए राजा ने पूछा, 'यह सब क्या है? शरीर के दूसरे भाग साथ क्यों नहीं हैं?'

'उनकी कल्पना करनी पड़ती है महाराज!' गंभीर-सा मुँह बनाकर तेनालीराम ने कहा।

राजा ने दो सिपाही बुलवाए। ये वही सिपाही थे, जिन्हें तेनालीराम ने कोड़ों का उपहार दिलवाया था। राजा ने हुक्म दिया, 'ले जाओ इसे और इसका सिर धड़ से अलग कर दो। मैं तंग आ गया हूँ इस आदमी से। मेरा महल इसने बरबाद कर दिया है।'

सिपाही तेनालीराम को ले जाते हुए बहुत खुश थे। आज उससे बदला लेने का अवसर मिला था। तेनालीराम ने कहा, 'मुझे मरना तो है ही, लेकिन आप लोगों की बड़ी कृपा होगी अगर आप मुझे मरने से पहले किसी तालाब में कमर तक पानी में खड़े होकर प्रार्थना करने दें, जिससे मैं स्वर्ग जा सकूँ।'

दोनों सिपाहियों ने सोचा, क्या हानि है। उन्होंने कहा, 'ठीक है, पर कोई चालाकी करने की कोशिश मत करना।'

'आप मेरे दोनों ओर तलवार लेकर खड़े हो जाइए। मैं बचने की कोशिश करूँ तो बेशक मुझ पर प्रहार कर दीजिए।'

सिपाहियों ने सोचा कि यह तो बहुत अच्छी योजना है। वे एक तालाब में तेनालीराम के दोनों ओर तलवारें निकालकर खड़े हो गए।

कोई पौन घंटे के बाद तेनालीराम अचानक चिल्लाया, 'तलवार चलाओ।' और झट से पानी में डुबकी लगा दी। घबराहट और जल्दी में सिपाहियों ने तलवारें चला दीं और एक-दूसरे के प्रहार से जान से हाथ धो बैठे।

तेनालीराम राजा के पास पहुँचा। राजा का क्रोध तब तक ठंडा हो चुका था। हैरान होते हुए पूछा, 'तुम बच कैसे गए?'

'महाराज, उन मूर्खों ने मुझे मारने के बजाए एक-दूसरे को मार दिया।' और तेनालीराम ने सारी कहानी कह सुनाई।

'इस बार तो मैं तुम्हें क्षमा करता हूँ पर आगे से इस तरह की शरारतें नहीं होनी चाहिए।'

पर तेनालीराम की शरारतों का कोई अंत नहीं था।

बुढ़ापे की मृत्यु

बीजापुरा के सुलतान इस्माइल आदिलशाह को डर था कि राजा कृष्णदेव राय अपने प्रदेश रायचूर और मदकल को वापस लेने के लिए हम पर हमला करेंगे। उसने सुन रखा था कि राजा ने अपनी वीरता से अनेक राज्यों को जीत लिया है। सुलतान ने सोचा कि इन दो नगरों को बचाने का एक ही उपाय है कि राजा कृष्णदेव राय की हत्या करवा दी जाए।

उसने बड़े इनाम का लालच देकर तेनालीराम के पुराने सहपाठी और

उसके मामा के संबंधी कनकराजू को इस काम के लिए तैयार कर लिया।

कनकराजू तेनालीराम के घर पहुँचा। तेनालीराम ने अपने मित्र का खुले दिन से स्वागत किया और अपने घर में उसे ठहराया।

एक दिन जब तेनालीराम काम से कहीं बाहर गया हुआ था तो कनकराजू ने राजा को तेनालीराम की तरफ से संदेश भेजा, 'आप इसी समय मेरे घर आएँ तो आपको ऐसी अनोखी बात दिखाऊँ, जो आपने जीवनभर न देखी हो।'

राजा बिना किसी हथियार के तेनालीराम के घर पहुँचे। अचानक कनकराजू ने छुरे से उन पर प्रहार कर दिया। इससे पहले कि छुरे का आघात राजा को लगता, उन्होंने कसकर उसकी कलाई पकड़ ली। उसी समय राजा के अंगरक्षकों ने कनकराजू को पकड़ लिया और उसे वहीं ढेर कर दिया।

कानून के अनुसार, राजा को मारने की कोशिश करनेवाले को जो व्यक्ति आश्रय देता था, उसे मृत्युदंड दिया जाता था। तेनालीराम को भी मृत्युदंड सुनाया गया। उसने राजा से दया की प्रार्थना की।

राजा ने कहा, 'मैं राज्य के नियम के विरुद्ध जाकर तुम्हें क्षमा नहीं कर सकता। तुमने उस दुष्ट को अपने यहाँ आश्रय दिया। तुम कैसे मुझसे क्षमा की आशा कर सकते हो? हाँ, यह हो सकता है कि तुम स्वयं फैसला कर लो, तुम्हें किस प्रकार की मृत्यु चाहिए?'

'मुझे बुढ़ापे की मृत्यु चाहिए, महाराज।' तेनालीराम ने कहा। सभी आश्चर्यचकित थे।

राजा हँसकर बोले, 'इस बार भी बच निकले तेनालीराम।'

कुत्ते की दुम

एक दिन राजा कृष्णदेव राय के दरबार में इस बात पर गरमागरम बहस हो रही थी कि मनुष्य का स्वभाव बदला जा सकता है या नहीं। कुछ का कहना था कि मनुष्य का स्वभाव बदला जा सकता है। कुछ का विचार था कि ऐसा नहीं हो सकता, जैसे कुत्ते की दुम कभी सीधी नहीं हो सकती।

राजा को एक विनोद सूझा।

उन्होंने कहा, 'बात यहाँ तक पहुँची कि अगर कुत्ते की दुम सीधी

की जा सकती है, तो मनुष्य का स्वभाव भी बदला जा सकता है, नहीं तो नहीं बदला जा सकता।'

जिन सज्जन का यह विचार था कि मनुष्य का स्वभाव बदला जा सकता है, वह बोले, 'मेरा विचार है कि अगर ठीक ढंग से प्रयत्न किया जाए, तो कुत्ते की दुम सीधी की जा सकती है।'

राजा ने विनोद को आगे बढ़ाने की सोची। बोले, 'ठीक है, आप लोग यह प्रयत्न करके देखिए।'

राजा ने दस चुने हुए व्यक्तियों को एक-एक कुत्ते का पिल्ला दिलवाया और छह मास के लिए हर मास दस स्वर्ण-मुद्राएँ देना निश्चित किया। इन सभी लोगों को कुत्तों की दुम सीधी करने का प्रयत्न करना था। इन दस व्यक्तियों में एक तेनालीराम भी था।

शेष नौ लोगों ने इन छह महीनों में पिल्लों की दुम सीधी करने की बड़ी कोशिशें कीं। एक ने पिल्ले की पूँछ के छोर को भारी वजन से दबा दिया ताकि इससे दुम सीधी हो जाए। दूसरे ने पिल्ले की दुम को पीतल की एक सीधी नली में डाले रखा।

तीसरे ने अपने पिल्ले की पूँछ सीधी करने के लिए हर रोज पूँछ की मालिश करवाई। चौथे ने कोई दवा दी। उसका विचार था कि दवा से पूँछ सीधी हो जाएगी।

पाँचवे ने एक ब्राह्मण को घर रख छोड़ा, जो प्रतिदिन पूँछ सीधी हो जाने के लिए पूजापाठ करता रहा। छठे सज्जन कहीं से किसी तांत्रिक को पकड़ लाए, जो कई तरह से ऊटपटाँग वाक्य बोलकर और मंत्र पढ़कर इस काम को करने के प्रयत्न में जुटा रहा।

सातवें सज्जन ने अपने पिल्ले की शल्य-चिकित्सा कराई।

आठवाँ व्यक्ति पिल्ले को सामने बिठाकर छह मास तक प्रतिदिन उसे भाषण देता रहा कि पूँछ सीधी रखो भाई, सीधी रखो।

नवाँ व्यक्ति पिल्ले को मिठाइयाँ खिलाता रहा कि शायद इससे यह मान जाए और अपनी पूँछ सीधी कर ले।

पर तेनालीराम पिल्ले को इतना ही खिलाता, जितने से वह जीवित रहे। भूखा रहकर बेचारा पिल्ला इतना कमजोर हो गया कि उसके शरीर के सारे ही अंग निर्जीव हो गए। उसकी पूँछ भी बेजान-सी लटक गई, जो देखने में सीधी ही जान पड़ती थी।

छह मास बीत जाने पर राजा ने दसों पिल्लों को दरबार में उपस्थित करने का आदेश दिया। नौ व्यक्तियों ने हट्टे-कट्टे और स्वस्थ पिल्ले पेश किए।

जब पहले पिल्ले की पूँछ से वजन हटाया गया तो वह एकदम टेढ़ी होकर ऊपर उठ गई। दूसरे की दुम जब नली में से निकाली गई वह भी उसी समय टेढ़ी हो गई। शेष सातों पिल्लों की पूँछें भी टेढ़ी ही थीं। मालिश, दवाओं, पूजापाठ और मंत्रों का कोई लाभ नहीं हुआ। न ही आपरेशन, उपदेश और मिठाइयों से कोई बात बनी।

राजा ने तेनालीराम से कहा, 'तुम्हारा पिल्ला कहाँ है? उसे भी देखें!'

तेनालीराम ने अपना अधमरा-सा पिल्ला राजा के सामने कर दिया। उसके सारे अंग ढलक रहे थे। पूँछ भी निर्जीव-सी लटक गई थी।

तेनालीराम बोला, 'महाराज, मैंने कुत्ते की दुम सीधी कर दी है।'

'दुष्ट कहीं के!' राजा ने कहा, 'बेचारे निरीह पशु पर तुम्हें दया भी नहीं आई? तुमने तो इसे भूखा ही मार डाला। इसमें तो पूँछ हिलाने जितनी शक्ति ही नहीं है।'

'महाराज, अगर आपने कहा होता कि इसे अच्छी तरह खिलाया-पिलाया जाए तो मैं कोई कसर नहीं छोड़ता। पर आपका आदेश तो इसकी पूँछ को स्वभाव के विरुद्ध सीधा करने का था, जो इसे भूखा रखने से ही पूरा हो सकता था। बिल्कुल ऐसे ही मनुष्य का स्वभाव भी असल में बदलता नहीं है। हाँ, आप उसे काल कोठरी में बंद करके, उसे भूखा रखकर उसका स्वभाव मुरदा बना सकते हैं।'

बैंगन की चोरी

राजा कृष्णदेव राय के निजी बाग में बढ़िया किस्म के बैंगन के कुछ पौधे थे। एक बार राजा ने दरबारियों को दावत दी, जिसमें बैंगन की सब्जी भी परोसी गई। तेनालीराम को बैंगन बड़े स्वादिष्ट लगे। घर आकर उसने अपनी पत्नी से बैंगनों की प्रशंसा की।

पत्नी ने तेनालीराम से कहा, 'इतने स्वादिष्ट बैंगन कम-से-कम एक बार तो मुझे भी खिलाओ।'

'राजा अपने बाग के पौधों के बारे में बड़े सावधान रहते हैं। उनके बाग में चोरी करनेवालों का सिर काट लिया जाता है। न बाबा न, मैं बैंगन चोरी करके नहीं ला सकता।' तेनालीराम ने कहा।

'देखो, मैंने तुमसे कभी कुछ नहीं माँगा। कम-से-कम एक बार तो मेरी इच्छा पूरी कर दो।' पत्नी बोली।

तेनालीराम को अपनी पत्नी के आगे हार माननी पड़ी। एक रात वह चुपके से राजा के बाग में कूद गया और दस-बारह बढ़िया बैंगन तोड़कर ले आया। उसकी पत्नी ने बड़े परिश्रम और लगन से उन्हें बनाया।

'वाह, वाह, क्या बढ़िया बैंगन हैं!' तेनालीराम की पत्नी ने चखते हुए कहा, 'अपने बेटे को भी कम-से-कम चखा तो देने चाहिए।'

'ऐसा गजब न कर देना। छह साल का बच्चा है। अचानक कभी मुँह से बात निकल गई तो लेने के देने पड़ जाएँगे।' तेनालीराम बोला।

'यह कैसे हो सकता है? ये बढ़िया बैंगन हम दोनों अकेले बैठकर खा लें और बेटे को चखाएँ भी नहीं? कुछ ऐसा सोचो कि वह बैंगन खा भी ले और चोरी भी साबित न हो।' तेनालीराम की पत्नी बोली।

'बहुत अच्छा।' तेनालीराम ने कहा।

उसने एक बाल्टी में पानी भरा और खुली छत पर, जहाँ बच्चा सोचा हुआ था, खूब सारा पानी छिड़क दिया। फिर उसे उठाकर कहा, 'वर्षा हो रही है। चलो, अंदर चलो।'

अंदर ले जाकर उसने बच्चे के कपड़े बदलवाए। उसके बाद उसे बैंगन की तरकारी खाने को दी। फिर यह कहकर कि वर्षा हो रही है, उसे अंदर ही सुला दिया।

अगले दिन राजा को बैंगनों की चोरी का पता चल गया।

नगर में इस बात को लेकर बड़ा शोर मचा। राजा ने चोर पकड़ने वाले को काफी बड़ा पुरस्कार देने की घोषणा की। प्रधानमंत्री अप्पाजी को तेनालीराम पर शक था। उसने राजा को अपना विचार बताया।

'मैं जानता हूँ कि वह बहुत चतुर है। वह किसी-न-किसी बहाने बच निकलेगा। उसके बेटे को बुलवाओ। अभी सच्चाई पता चल जाएगी।' राजा ने कहा।

तेनालीराम के बेटे को बुलवाया गया। उससे पूछा गया, 'कल रात को तुमने कौन-सी सब्जी खाई थी?'

'बैंगन की सब्जी बहुत ही स्वादिष्ट थी।' बच्चे ने कहा।

प्रधानमंत्री अप्पाजी ने तेनालीराम से कहा, 'अब तो तुम्हें अपना अपराध स्वीकार करना ही पड़ेगा।'

'बिल्कुल नहीं।' तेनालीराम ने कहा, 'यह तो कल रात बहुत ही जल्दी सो गया था। यों ही ऊटपटाँग बातें कर रहा है। अवश्य इसने सपना देखा होगा। मैं अभी सारी बात साफ किए देता हूँ। इससे पूछिए कि कल रात मौसम कैसा था?'

अप्पाजी ने बच्चे से पूछा, 'कल रात कैसा मौसम था, आकाश साफ था या बारिश हुई थी?'

कल रात को बड़ी मूसलाधार वर्षा हुई थी, प्रधानमंत्री जी मेरे सारे कपड़े भीग गए थे।' बच्चे ने कहा।

रात को एक बूँद भी पानी नहीं पड़ा था। अप्पाजी ने सोचा, 'यह बच्चा यों ही कल्पनाएँ कर रहा है, जैसे वर्षा की कल्पना है, वैसे ही बैंगन की सब्जी की बात भी सोच ली होगी।'

अप्पाजी ने तेनालीराम से अपने शक के लिए क्षमा माँग ली।

बंद आँख : खुली आँख

दिल्ली का एक प्रसिद्ध व्यक्ति, जो हाथ की सफाई से तरह-तरह के जादू के खेल दिखाया करता था, एक बार विजयनगर गया और उसने तरह-तरह के खेल दिखाए। उसने पत्थरों को स्वर्ण-मुद्राओं में बदल दिया। उसने अपना सिर काटकर अपने हाथ से पकड़कर राजा को दिखाया। वह राजा से बोला, 'महाराज, आपके राज्य में कोई मेरा मुकाबला नहीं कर सकता। मेरी चुनौती है कि कोई भी आकर मुझे इस कला में हराएगा, मेरा सिर उसके सामने हाजिर है।'

राजा को उसकी शेखी बहुत बुरी लगी। उसने तेनालीराम से कहा, 'अगर तुम इस व्यक्ति का अभिमान तोड़ दो तो तुम्हें एक हजार स्वर्ण-मुद्राएँ दी जाएँगी।'

'मुझे स्वीकार है, महाराज।' तेनालीराम ने कहा।

तेनालीराम उस जादूगर के पास पहुँचा और बोला, 'क्यों इतनी शेखी

बघार रहे हो? मेरा दावा है कि जो मैं अपनी बंद आँखों के साथ कर सकता हूँ, वह तुम अपनी खुली आँखों से नहीं कर सकते।'

'क्या बेकार की बात है?' जादूगर बोला, 'अगर तुम बंद आँखों के साथ एक भी ऐसा काम कर सकते हो जो मैं खुली आँखों के साथ नहीं कर सकता तो मैं अपना सिर तुम्हारे हवाले कर दूँगा।'

'ठीक है।' तेनालीराम ने कहा और उसने पिसी हुई मिर्च मँगवाई और आँखें बंद करके एक-एक मुट्ठी मिर्च दोनों आँखों के ऊपर डाल ली। एक मिनट तक उसने आँखें बंद ही रखीं और मुस्कुराता रहा। उसके बाद मिर्च हटाकर उसने अपनी पलकें धो डालीं और जादूगर से कहा, 'जो मैं बंद आँखों के साथ किया है, वह अब तुम अपनी खुली आँखों के साथ करो।'

जादूगर ने हार मान ली और बोला, 'मेरा सिर आपके आगे हाजिर है।'

'मुझे तुम्हारे सिर की जरूरत नहीं है। मैं महाराज से मिलने वाले पुरस्कार से ही संतुष्ट हूँ।' तेनालीराम ने कहा।

कुएँ का विवाह

तेनालीराम और राजा कृष्णदेव राय में एक बार किसी बात पर कहा-सुनी हो जाने पर तेनालीराम नाराज होकर कहीं चला गया। जब कई दिनों तक वह नहीं लौटा तो राजा को चिंता हुई और उन्होंने उसे खोजने का प्रयत्न किया। तेनालीराम का कहीं पता न चला। अंत में राजा ने एक उपाय सूझा। उन्होंने अपने राज्य के गाँव-गाँव में घोषणा करवा दी कि महाराज अपने राजकीय कुएँ का विवाह करवा रहे हैं। सभी गाँव के मुखियों को आज्ञा दी गई कि वे अपने-अपने गाँव के कुओं को लेकर पहुँचें। ऐसा न करने पर दंड के रूप में बीस हजार स्वर्ण-मुद्राएँ देनी पड़ेंगी।

जिसने सुना, वही हैरान हुआ। भला कुएँ भी कहीं ले जाए जा सकते हैं। अवश्य ही महाराज के दिमाग में कुछ खराबी आ गई है।

जिस गाँव में जाकर तेनालीराम ठहरा था, वहाँ भी यह घोषणा की गई। मुखिया और गाँव के सभी लोग परेशान थे। तेनालीराम समझ गया कि महाराज ने यह चाल उसे खोजने के लिए ही चली है।

उसने मुखिया से कहा, 'आप बिलकुल चिंता न करें। आपने अपने गाँव में मुझे आश्रय दिया है। मैं इसका बदला अवश्य चुकाऊँगा। मैं आपको तरकीब बताऊँगा। आप चलने की तैयारी कीजिए।'

तेनालीराम और गाँव के चार-पाँच व्यक्ति राजधानी की ओर चल दिए। नगर के पास पहुँचकर वे रुक गए और उनमें से एक ने तेनालीराम के बताए हुए उपाय के अनुसार नगर में जाकर कहा, 'महाराज, हमारे गाँव के कुएँ विवाह में शामिल होने के लिए आ गए हैं। वे नगर के बाहर ठहरे हुए हैं और इस बात की प्रतीक्षा कर रहे हैं कि नगर के कुएँ आकर उनकी अगवानी करें। उनका स्वागत करें।'

राजा समझ गए कि यह तेनालीराम की ही सूझबूझ है। उन्होंने पूछा, 'सचसच बताओ, यह बात तुम्हें किसने बताई है?'

'महाराज, कुछ दिन पहले हमारे गाँव में एक परदेशी आकर ठहरा है? उसी ने यह तरकीब बताई है। वह भी अन्य लोगों के साथ नगर के बाहर आकर ठहरा है।' उस व्यक्ति ने कहा।

महाराज स्वयं जाकर बड़ी धूमधाम से तेनालीराम को ले आए। उन्होंने गाँववालों को पुरस्कार देकर हँसी-खुशी विदा किया।

चूहों की फौज

चूहों ने तेनालीराम के घर में बड़ा उत्पात मचा रखा था। एक दिन उनकी पत्नी की एक सुंदर साड़ी में उन्होंने काटकर एक छेद बना दिया। तेनालीराम और उनकी पत्नी को बहुत क्रोध आया।

उन्होंने सोचा– 'इन्हें पकड़कर मारना ही पड़ेगा। नहीं तो न जाने और कितना नुकसान कर दें।'

बहुत कोशिश करने पर भी चूहे उनके हाथ नहीं लग रहे थे। वे संदूकों और दूसरे सामान के पीछे जाकर छिप जाते। भागते-दौड़ते, घंटों की कोशिश के बाद कहीं एक पकड़कर मार पाए। तेनालीराम बड़ा परेशान था।

आखिर वह अपने एक मित्र के पास गया, जिसने उसे सलाह दी कि चूहों से छुटकारा पाने के लिए एक बिल्ली पाल लो। वही इस मुसीबत का इलाज है।

तेनालीराम ने बिल्ली पाल ली और सचमुच उसके यहाँ चूहों का उत्पात कम होने लगा। उसने चैन की साँस ली।

अचानक एक दिन उसकी बिल्ली ने पड़ोसियों के पालतू तोते को पकड़ लिया और मार डाला। घर की मालकिन ने अपने पति से शिकायत की और कहा कि इस दुष्ट बिल्ली को मार डालो।

उसने तेनालीराम की बिल्ली का पीछा किया और उसे जा पकड़ा। वह उसको मारने को ही था कि तेनालीराम वहाँ आ गया।

उसने कहा, 'भाई, मैंने यह बिल्ली चूहों से छुटकारा पाने के लिए पाली है। हमें क्षमा कर दीजिए। मुझ पर आपका बड़ा एहसान होगा।'

वह नहीं माना। बोला, 'चूहे पकड़ने के लिए तुम्हें बिल्ली की क्या आवश्यकता है? मैं तो बिना बिल्ली के भी चूहे पकड़ सकता हूँ।'

और उसने बिल्ली को मार दिया।

कुछ दिनों बाद पड़ोसी को किसी ने एक सुंदर संदूक उपहार में भेजा। उसने अपने सोने के कमरे में जाकर संदूक खोला। उसी कमरे में उसकी पत्नी की कीमती साड़ियाँ रखीं थीं।

संदूक खोलते ही चूहों की सेना उसमें से उछलकर बाहर निकल आई। चूहे कमरे के चारों ओर दौड़ने लगे।

वह उन्हें पकड़ने के लिए कभी दाएँ घूमता, कभी बाएँ, कभी आगे, कभी पीछे। उसके नौकर भी इसी काम में जुटे हुए थे।

छह घंटों की उछलकूद के बाद जाकर कहीं उन लोगों को चूहों से छुटकारा मिला। पर इस बीच उनका बहुत-सा नुकसान हो गया। उनके कुछ कीमती गलीचों पर चूहों के खून के निशान पड़ गए। चूहों को मारने के लिए डंडे की चोट एक बहुमूल्य फूलदान को जा लगी। जिससे वह टूट गया।

थके-हारे पड़ोसी ने संदूक में देखकर यह पता लगाने का प्रयत्न कि इस संदूक को भेजने वाला कौन हो सकता है? संदूक में उसे एक कागज मिला। जिस पर लिखा था–

'आपने कहा था कि आप बिना बिल्ली के चूहों पर काबू पा सकते हैं। मैं परीक्षा के लिए कुछ चूहे आपको भेज रहा हूँ। कृपया परिणाम मुझे बताइएगा।

आपका आज्ञाकारी सेवक

तेनालीराम

अर्थदंड

तेनालीराम ने एक बार राजा से यह वचन ले लिया था कि अगर कभी मुझसे कोई अपराध हो गया, तो फैसला करने के लिए पंचों का चुनाव मैं स्वयं ही करूँगा। राजा ने सोचा, 'इसमें हर्ज की कोई बात नहीं, क्योंकि राज्य में शायद ही कोई व्यक्ति बचा हो, जो तेनालीराम की शरारतों का शिकार न हुआ हो। इसलिए तेनालीराम के साथ कोई नरमी नहीं बरतेगा।' उन्होंने तेनालीराम को वचन दे दिया।

कुछ दिनों बाद तेनालीराम ने हँसी-हँसी में कोई ऐसी बात कर दी, जो राजा को क्षमा-योग्य नहीं लगी। उन्होंने तेनालीराम से कहा, 'तुम्हें तुम्हारी उद्‌दंडता के लिए दंड दिया जाएगा। अपने वचन के अनुसार मैं तुम्हें पंच चुन लेने का अधिकार देता हूँ।'

तेनालीराम ने नगर के मजदूरों में से पाँच आदमियों को चुन लिया। सब दरबारी और स्वयं राजा भी, तेनालीराम का यह चुनाव देखकर हैरान हो गए। पर राजा वचन दे चुके थे। पंचों को आसन दिए गए।

इधर पंचों की प्रसन्नता का भी कोई अंत न था। जीवन में पहली बार उन्हें यह सम्मान और सौभाग्य मिला था। सारी बात सुनकर पंच आपस में सलाह-मशवरा करने लगे।

एक ने कहा, 'तेनालीराम ने राजा के सामने उद्‌दंडता दिखाई है। उस पर कम-से-कम बीस स्वर्ण-मुद्राएँ जुर्माना होना चाहिए।'

दूसरे पंच को लगा कि बीस स्वर्ण-मुद्राएँ तो बहुत हैं। तेनालीराम ठहरा बाल-बच्चों वाला आदमी। वह बोला, 'नहीं भई, बीस तो बहुत होंगी। पंद्रह स्वर्ण-मुद्राएँ ठीक हैं।'

तीसरे पंच ने कहा, 'पंद्रह स्वर्ण-मुद्राएँ क्या कम होती हैं? दस से अधिक स्वर्ण-मुद्राओं का दंड देना अन्याय होगा।'

चौथा कुछ अधिक ही दयावान था। बोला, 'आप लोग ही सोचिए, हममें से किसी को दस स्वर्ण-मुद्राओं का जुर्माना हो तो हमारी क्या हालत होगी?'

पाँचवे ने कहा, 'ठीक है तेनालीराम से पाँच स्वर्ण-मुद्राओं का जुर्माना लिया जाना चाहिए।'

पाँच स्वर्ण-मुद्राओं के दंड का फैसला सुनकर राजा और सारे

दरबारी दंग रह गए। उन्होंने स्वप्न में भी न सोचा था कि तेनालीराम इतना सस्ता छूट जाएगा। लेकिन प्रत्येक का विचार था कि तेनालीराम की सूझबूझ इस बार भी काम कर गई। उसने पंचों के रूप में ऐसे व्यक्तियों को चुना था, जिनके लिए पाँच स्वर्ण-मुद्राएँ भी बहुत बड़ी बात थी। अगर फैसला राजा ने दिया होता तो तेनालीराम को कम-से-कम एक हजार स्वर्ण-मुद्राओं का दंड दिया जाता, लेकिन तेनालीराम एक बार फिर साफ बच निकला था।

इम्तहान

मुगल बादशाह बाबर ने अपने दरबारियों से तेनालीराम की बहुत प्रशंसा सुनी थी। एक दरबारी ने कहा, 'आलमपनाह, तेनालीराम की हाजिर-जवाबी और अक्लमंदी बेमिसाल है।'

बाबर इस बात की सत्यता परखना चाहता था। उसने राजा कृष्णदेव राय को एक पत्र भेजा, जिसमें उसने प्रार्थना की कि तेनालीराम को एक मास के लिए दिल्ली भेज दिया जाए, जिससे उसकी सूझबूझ का नमूना बादशाह खुद देख सकें।

कृष्णदेव राय ने तेनालीराम को विदा करते समय कहा, 'तुम्हारी सूझबूझ और बुद्धिमानी की परीक्षा का समय आ गया है। जाओ और अपना कमाल दिखाओ। अगर तुम पुरस्कार ले आए तो मैं भी तुम्हें एक हजार स्वर्ण-मुद्राएँ दूँगा। और अगर तुम पुरस्कार न प्राप्त कर सके तो मैं तुम्हारा सिर मुँडवाकर दरबार से बाहर निकाल दूँगा।'

तेनालीराम के दिल्ली पहुँचने की सूचना जब बाबर को मिली तो उसने अपने दरबारियों से कहा, 'हम इस आदमी का इम्तहान लेना चाहते हैं। मेरी ताकीद है कि आप लोग इसके मजाकों पर न हँसें। यह आदमी यहाँ से आसानी से इनाम हासिल करके न जाने पाए।'

दरबार में पहुँचकर तेनालीराम ने अपनी बातों से बादशाह और दरबारियों को हँसाने का प्रयत्न किया। यह क्रम पंद्रह दिन तक चलता रहा। लेकिन कोई न हँसा। सोलहवें दिन से तेनालीराम ने दरबार में जाना छोड़ दिया। एक दिन बाबर रोज की तरह सैर को निकला। साथ में एक नौकर था, जिसके हाथ में अशर्फियों की थैली थीं। बादशाह ने देखा कि सड़क के

किनारे एक बहुत बूढ़ा व्यक्ति गड्ढा खोदकर उसमें आम का पौधा लगा रहा है। उस व्यक्ति की कमर झुकी हुई थी।

बाबर ने उसके पास जाकर कहा, 'बूढ़े मियाँ, यह क्या कर रहे हो?'

'आम का पेड़ लगा रहा हूँ। इस इलाके में यह पेड़ कम पाया जाता है। इसलिए अच्छी बिक्री होगी।' बूढ़े ने कहा।

'लेकिन आपकी उमर तो काफी अधिक है। इस पेड़ के फल खाने के लिए आप तो होंगे नहीं। फिर इस मेहनत से क्या फायदा?' बाबर ने कहा।

'आलमपनाह, मेरे अब्बाजान ने जो पेड़ लगाए थे, उनके फल मुझे खाने को मिले। इसी तरह मेरे लगाए हुए पेड़ के आम कोई और खाएगा। जब मेरे लिए अब्बाजान ने पेड़ लगाए, तो मैं दूसरों की खुशी के लिए ऐसा क्यों न करूँ?' बूढ़ा बोला।

'हमें आपकी बात पसंद आई।'

बाबर के कहते ही नौकर ने सौ अशर्फियों की थैली बूढ़े को दे दी।

'बादशाह सलामत बहुत मेहरबान हैं।' बूढ़े ने कहा, 'सब लोग पेड़ के बड़े हो जाने पर उसके फल पाते हैं मुझे पौधा लगाने से पहले ही नतीजा हासिल हो गया। दूसरों की भलाई करने के विचार का ही नतीजा अच्छा है।'

'बहुत खूब!'

बाबर के यह कहते ही नौकर ने एक और थैली बूढ़े को थमा दी।

बूढ़ा फिर बोला, 'बादशाह सलामत की मुझ पर बहुत मेहरबानी है। यह पेड़ तो जब पूरा जवान हो जाएगा तो एक साल में एक बार फल देगा, लेकिन जहाँपनाह ने तो इसे लगाने के दिन ही दो बार मेरी झोली भर दी।'

'हमें यह बात भी बेहद पसंद आई।' बाबर ने कहा।

नौकर ने एक और थैली बूढ़े को दे दी।

बाबर ने हँसते हुए अपने नौकर से कहा, 'यहाँ से निकल चलो, नहीं तो यह आदमी तो हमारा खजाना ही खाली कर देगा।'

'एक पल इंतजार कीजिए, जहाँपनाह।' कहकर बूढ़े ने अपने ऊपर के कपड़े और नकली दाढ़ी उतार दी।

बाबर के सामने तेनालीराम खड़ा था।

'बादशाह सलामत की बहुत मेहरबानी है। तेनालीराम ने कुछ ही देर में जहाँपनाह से तीन बार ईमान हासिल किया है।' तेनालीराम ने कहा।

बाबर ने कहा, 'तेनालीराम, तुम्हें इनाम देकर मुझे जरा भी अफसोस नहीं है, क्योंकि तुमने इन्हें हासिल करने के लिए बहुत सूझबूझ और समझदारी से काम लिया है।'

तेनालीराम वापस विजयनगर गया। राजा को सारी कहानी सुनाई तो राजा ने प्रसन्न होकर उसे एक हजार स्वर्ण-मुद्राएँ और पुरस्कार में दीं।

रामलीला

राजा कृष्णदेव राय की राजधानी में अनेक रामलीलाएँ होती थीं—एक से बढ़कर एक। राजा ने दरबार में घोषणा की, इस बार जो सबसे अच्छी रामलीला हो, उसे राज-पुरस्कार दिया जाए। इसके लिए एक समिति बनाई गई। समिमि में राजपुरोहित, सेनापति और मंत्री शामिल हो गए। तेनालीराम को जान-बूझकर छोड़ दिया गया। तय हुआ कि समिति ही राज-पुरस्कार के लिए रामलीला का चुनाव करेगी। समिति के सदस्य जगह-जगह जाकर रामलीला देखने लगे। निश्चित दिन उन्होंने राजा को बता दिया कि अमुक रामलीला सर्वश्रेष्ठ है। राजा ने तेनालीराम से कहा, 'अब तुम एक समारोह का प्रबंध करो। इसी में एक रामलीला दिखाई जाए। पुरस्कार भी दिया जाएगा।'

तेनालीराम ने भरे दरबार में कहा, 'महाराज, समिति ने सर्वश्रेष्ठ रामलीला का चुनाव सचमुच बड़ी सूझबूझ से किया है। क्यों न हो, यह रामलीला सर्वश्रेष्ठ। इस रामलीला मंडली ने सदस्यों का भरपूर स्वागत किया है। उन्हें रेशमी शाल के साथ-साथ चंदन की बनी मूर्तियाँ और उत्तम किस्म का एक-एक शंख भी भेंट किया है। समिति के सदस्यों को मेरी बधाई।'

सुनकर राजा चौंके। पता चल गया कि इसी प्रलोभन के कारण समिति ने उस मंडली की रामलीला को सर्वश्रेष्ठ ठहराया है। राजा ने तेनालीराम से राय ली। वह बोला, 'महाराज! यह पुरस्कार तो बालमंडली की रामलीला को ही मिलना चाहिए। पुरस्कार से प्रोत्साहन पाकर बच्चे आगामी वर्ष और भी उत्साह से रामलीला करेंगे। इसी बहने बच्चे भगवान राम के सद्गुणों से प्रेरणा भी लेंगे।'

सभी दरबारियों ने तेनालीराम की बात की सराहना की। राजपुरोहित, सेनापति और मंत्री शर्म से पानी-पानी हो रहे थे।

बैल की झूल

एक बार तांत्रिक वेश धारण किए एक आदमी विजयनगर में आया। उसके पास धातु से बना एक बैल था, कौड़ियों से सजा। पहियों पर चलता था। आदमी मजमा लगाता। कहता, 'बैल के कान में चुपके से मन की बात कहो। आपके प्रश्न का जवाब मिलेगा।' लोग बात पूछते। वह तीन बार बैल के सिर पर थपकी देकर कहता, 'बोलो।'

बस, बैल आदमी की वाणी में बोलने लगता।

दरबार में भी उस अद्‌भुत बैल की चर्चा होने लगी। राजा कृष्णदेव राय ने तांत्रिक को दरबार में बुलवाया। सबसे पहले सेनापति ने बैल के कान में पूछा, 'क्या हम पड़ोसी राजा से जीत जाएँगे?'

तांत्रिक ने बैल के सिर पर तीन बार थपकी दी। आवाज आई, 'जीत तो हो सकती है, मगर महाराज अपने कृपापात्र से सावधान रहें।'

यह सुन, सभी की निगाहें तेनालीराम की ओर उठ गईं। तेनालीराम भाँप गया, दाल में कुछ काला है। वह बोला, 'महाराज, मैं भी कुछ पूछना चाहता हूँ, पर तांत्रिक को एक तरफ बैठा दिया जाए।'

तेनालीराम ने बैल के कान में पूछा, 'आप उस धोखेबाज देशद्रोही का नाम बताएँ।'

काफी देर हो गई, कोई जवाब नहीं मिला। तेनालीराम कौड़ियों से बनी झूल उठाने लगा। तांत्रिक चिल्लाया, 'झूल मत छेड़ो। मेरा तंत्र इसी में छिपा है। तुम्हें भस्म कर देगा।' मगर तेनालीराम ने झूल उतार ली। देखा, बैल के सिर के बीच में एक पेंच है। उसे दबाने पर बैल चलने लगता था। फिर उसने देखा, बैल के पेट में एक दरवाजा भी था। उसे खोला गया। एक आदमी अंदर बैठा था। वही प्रश्नों के उत्तर दे रहा था। उसे बाहर निकाला गया। तांत्रिक को भी सिपाहियों ने पकड़ लिया। अंदर कुछ कागज मिले। उनमें विजयनगर और राजमहल के नक्शे थे।

मार पड़ी, तो सारा राज खुल गया। वे दोनों शत्रु राजा के जासूस थे। तेनालीराम से उन्हें खतरा था, इसीलिए उसे रास्ते से हटाना चाहते थे। राजा ने सूझबूझ के लिए तेनालीराम की पीठ थपथपाई।

जनता की अदालत

एक दिन राजा कृष्णदेव राय शिकार के लिए गए। वह जंगल में भटक गए। दरबारी पीछे छूट गए थे। शाम होने को थी। उन्होंने घोड़ा एक पेड़ से बाँधा। रात पास के एक गाँव में बिताने का निश्चय किया। राहगीर के वेश में किसान के पास गए। कहा, 'दूर से आया हूँ। रात को आश्रय मिल सकता है?'

किसान बोला, 'आओ, जो रूखा-सूखा हम खाते हैं, आप भी खाइएगा। मेरे पास एक पुराना कंबल ही है, क्या उसमें जाड़े की रात काट सकेंगे?'

राजा ने 'हाँ' में सिर हिलाया। रात को राजा गाँव में घूमे। भयानक गरीबी थी। उन्होंने पूछा, 'दरबार में जाकर फरियाद क्यों नहीं करते?'

'कैसे जाएँ? राजा तो चापलूसों से घिरे रहते हैं। कोई हमें दरबार में जाने ही नहीं देता।' किसान बोला।

सुबह राजधानी लौटते ही राजा ने मंत्री और दूसरे अधिकारियों को बुलाया। कहा, 'हमें पता चला है, हमारे राज्य के गाँवों की हालत ठीक नहीं है। तुम गाँवों की भलाई के काम करने के लिए खजाने से काफी रुपया ले चुके हो। क्या हुआ उसका।?'

मंत्री बोला, 'महाराज, सारा रुपया गाँव की भलाई में खर्च हुआ है। आपसे किसी ने गलत कहा।'

मंत्री के जाने के बाद उन्होंने तेनालीराम को बुलवा भेजा। कल की पूरी घटना कह सुनाई।

तेनालीराम ने कहा, 'महाराज, प्रजा दरबार में नहीं आएगी। अब आपको ही उनके दरबार में जाना चाहिए। उनके साथ जो अन्याय हुआ है, उसका फैसला उन्हीं के बीच जाकर कीजिए।'

अगले दिन राजा ने दरबार में घोषणा की–'कल से हम गाँव-गाँव में जाएँगे, यह देखने के लिए कि प्रजा किस हाल में जी रही है!'

सुनकर मंत्री बोला, 'महाराज, लोग खुशहाल हैं। आप चिंता न करें। जाड़े में बेकार परेशान होंगे।'

तेनालीराम बोला, 'मंत्री जी से ज्यादा प्रजा का भला चाहनेवाला और कौन होगा? यह जो कह रहे हैं, ठीक ही होगा। मगर आप भी तो प्रजा की

खुशहाली देखिए।'

मंत्री ने राजा को आसपास के गाँव दिखाने चाहे। पर राजा ने दूर-दराज के गाँवों की ओर घोड़ा मोड़ दिया। राजा को सामने पाकर लोग खुलकर अपनी समस्याएँ बताते। मंत्री के कारनामों का सारा भेद खुल चुका था। वह सिर झुकाए खड़ा था।

राजा कृष्णदेव राय ने घोषणा करवा दी—अब हर महीने कम-से-कम एक बार वह जनता की अदालत में आया करेंगे, ताकि प्रजा के साथ न्याय होता रहे।

सोने की मूर्ति

राजा कृष्णदेव राय एक विशाल मंदिर बनवाना चाहते थे। उन्होंने मंत्री को बुलवाया। उससे उपयुक्त स्थान खोजने को कहा। मंत्री ने नगर के समीप जंगल के एक टुकड़े को चुना। राजा की सहमति से उसे साफ कराने का काम शुरू करा दिया।

साफ होते जंगल के बीचोंबीच किसी पुराने मंदिर के खंडहर मिले। उन खंडहरों में भगवान विष्णु की एक आदमकद स्वर्ण-प्रतिमा भी मिली। सोने की ठोस मूर्ति देख, मंत्री को लालच आ गया। चुपके से उसे उठाकर घर ले गया।

मजदूरों में तेनालीराम के आदमी थे। उन्होंने तेनालीराम को सारी बात बता दी। सुनकर तेनालीराम सोच में डूब गया।

भूमि-पूजन होने के बाद मंदिर का निर्माण होने लगा। एक दिन राजा ने दरबारियों से पूछा कि भगवान की मूर्ति कैसे बनवाई जाए? किसी ने कुछ कहा, तो किसी ने कुछ। राजा कुछ तय नहीं कर पाए। तभी दरबार में जटाजूटधारी एक संन्यासी आया। बोला, 'महाराज, मैं आपकी चिंता जानता हूँ, रात को भगवान ने सपने में मुझे दर्शन दिए, उन्हीं का संदेश लेकर आया हूँ।'

राजा ने उत्सुकता से पूछा, 'भगवान का संदेश। शीघ्र बताइए संन्यासी जी।'

साधु ने हाथ में पकड़ा हुआ चिमटा उठाया। कहा, 'राजन! भगवान ने स्वयं अपनी आदमकद स्वर्ण-प्रतिमा मंदिर के लिए भेज दी है। इस समय वह मंत्री के घर में है। उसे वहाँ से मँगवाकर मंदिर में प्रतिष्ठित कराओ।'

कहकर साधु चला गया।

राजा ने मंत्री की ओर देखा। सच के सामने वह सकपका गया। स्वर्ण-प्रतिमा की बात स्वीकार कर ली। राजा ने चारों ओर देखा। तेनालीराम नहीं था। थोड़ी देर में तेनालीराम आया। उसे देख सभी हँस पड़े। बोले, 'महाराज, शायद यही थे साधु बाबा। कपड़े और जटा तो उतार आए, मगर कंठी-तिलक उतारना भूल गए।'

राजा भी देखकर हँस पडे। बोले, 'अब मूर्ति तेनालीराम की देखरेख में रहेगी।'

मंत्री बेचारा खीझकर रह गया।

अनोखा विदूषक

एक दिन तेनालीराम को एक विषैले साँप ने काट लिया। उसके बचने का कोई उपाय न था।

तेनालीराम अपनी अंतिम घड़ी में अपने मित्र राजा कृष्णदेव राय से मिलना चाहता था। उसने एक व्यक्ति को राजा के यहाँ भेजा।

उस व्यक्ति ने राजा से जाकर कहा, 'महाराज, तेनालीराम जी अपने जीवन की अंतिम साँसें गिन रहे हैं। आपसे इसी समय मिलना चाहते हैं।'

राजा हँस दिए और बोले, 'इतनी जल्दी फिर मरने का स्वांग कर रहा है वह! मुझे कल ही मेरे राज्यपालों ने कर के रूप में बहुत-सा धन भेजा है। मुझे तेनालीराम के धन की आवश्यकता नहीं है। उससे कहो, मजाक छोड़े।'

'लेकिन महाराज, इस बार यह समाचार बिलकुल सच है। उन्हें विषैले साँप ने काट लिया है।' उस व्यक्ति ने कहा।

'तो इस बार विषैले साँप ने काट लिया! उसे मालूम था कि इस बार रहस्यमय बीमारी का नाटक नहीं चलेगा। बहुत चतुर है तेनालीराम।' राजा ने हँसते हुए कहा।

उस व्यक्ति ने वापस तेनालीराम के पास पहुँचकर सारी बात सुना दी।

'कैसा व्यंग्य है भाग्य का?' तेनालीराम ने कहा, 'झूठा आदमी जब

सच बोलता है तो उस पर कोई विश्वास नहीं करता। मैं जानता हूँ, जब राजा को मेरी मृत्यु का समाचार मिलेगा तो वह बहुत दुखी होंगे। जिसे आश्रयदाता के रूप में ऐसा राजा मिले, वह सचमुच बड़ा भाग्यशाली है।'

कुछ देर बाद तेनालीराम चल बसा। मरते समय उसके होंठों पर मुस्कान थी। शायद कोई हँसी की बात सूझ गई थी।

इधर राजा को भी संदेह हुआ कि तेनालीराम की मृत्यु निकट होने की बात कहीं सच ही न हो। वह तेनालीराम के घर की ओर चल दिए और उसकी मृत्यु होने के कुछ क्षण बाद वहाँ पहुँचे।

'क्या? क्या यह सचमुच मर गया है? नहीं-नहीं, यह तो नाटक कर रहा है। देखो, इसके चेहरे पर कैसी मुस्कुराहट है।' राजा ने कहा।

फिर उसे झिंझोड़ते हुए राजा रो पड़े, 'उठो, अपने मित्र से कुछ बात करो। तुम मरे नहीं हो। ऐसा जिंदादिल आदमी मर कैसे सकता है? तुमने जीवन-भर मुझे हँसी और खुशी के अमूल्य पल दिए हैं। अब तुम्हारे बिना वह सब कौन करेगा? वे शरारतें, वे चुटकुले! उठो तेनालीराम।'

राजा का चेहरा आँसुओं में डूबा हुआ था। सब ने राजा को सांत्वना दी। राजा ने आदेश दिया कि तेनालीराम का दाह-संस्कार चंदन की चिता पर किया जाए।

दाह-संस्कार के समय जब तेनालीराम की चिता से लपटें उठीं, राजा ने भरे गले से कहा, 'कैसा अनोखा विदूषक था वह। ऐसा अब और कौन होगा?'